洋菓子の新デザイン図鑑

ケーキの上に物語を飾る楽しみ

マジパン細工

詳細な作り方とポイント解説

普及版

旭屋出版

あなただけの物語を飾ってみましょう

　お菓子の飾り方には、クリームを絞ったり、果物をのせたり、豪華なアメ細工だったり、チョコ板を立てたりといろいろありますが、マジパン細工はそのなかでも作り手の発想を自由に表現できる、もっとも強力な方法です。

　材料と道具は安価、火を使わない、狭いスペースでも作れる、あとかたづけも楽。やる気さえあれば、だれでも、いつからでも、これほど入門しやすいものはありません。そしてなにより素晴らしいのは、材料が持っている柔軟性と自由度の高さでしょう。さらに素晴らしいのは、お菓子の上に小さな物語をつくれることです。たんなる飾りを、「ドラマ・デコレーション」にすることができるのです。

　人間・風景の一部・ものたちを配置して、あなただけの小さな物語がお菓子の上に拡がります。さあ物語を飾ってみましょう。

目　次

マジパン細工の基本　5

マジパン仕上げのデコレーションケーキを作る　28

ケーキを華やかに飾ってくれる植物を作る　42

表情と動きに富んだ人間を作る　68

シャープで緻密なデコレーションケーキを作る　120

Marzipan Story

JOLI ………………………… 32
ガーデニング ……………… 43
仲良くしようね …………… 73
幼稚園のクリスマス会 …… 82
部活の帰り道 ……………… 90
花見 ………………………… 100
Wedding …………………… 104
親子水いらず ……………… 114
Depuis ……………………… 121

世界でも有数の水準にある
日本のマジパン細工コンクール ………… 158
日本の細工用マジパン紹介 ………………… 159
講師のプロフィール ………………………… 160

サイズとマジパンの分量について

　マジパン細工は作る人の技量や用途に応じ、どんなサイズにも作ることができます。そこで本書では、あえてパーツのサイズとマジパンの分量を明記しないことにしました。小さくなればなるほど難易度が高くなるので、初心者はある程度大きめから作ることをおすすめします。また、全体の均整がとれた作品に仕上げるためには、各パーツの大きさをバランスよく作ることがポイントになります。写真をよく見て、最適なサイズになるよう、マジパンの分量を調節するようにしてください。

材料と道具の用意から
シンプルな動物作りまで

マジパン細工の基本

アーモンドと砂糖が原料のマジパンは、
粘土のように成形しやすく、着色しやすいのが特徴。
その特性を利用して、作る人のイメージと手の感覚だけで、
ひとつのかたまりからいろいろな形を作り出すのが、マジパン細工です。
まずは基本的な材料と道具を揃えたら、
マジパンの練り方と色づけの方法を覚えて、
小さな動物作りを練習してみましょう。

準備するのは、細工用マジパン、粉糖、
食用色素の3つだけ
これだけの材料で入れる。
マジパン・ワールド

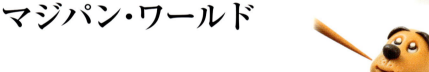

▨ 使うのは「細工用」マジパン

　かならず細工用マジパンを選ぶようにしてください。形が作りやすいよう、砂糖の含有量を増やして固めに調整してあり、色白で着色しやすい細工専用のマジパンです。これに対し、焼き菓子などに使用する製菓用のマジパンはアーモンド分が多いので柔らかすぎて、細工には適しません。

▨ 保存はラップで包んで密閉容器に

　マジパンはアーモンドと砂糖を主原料に、細かく粉砕してペースト状になるまで練り混ぜたもの。開封前は要冷蔵。粉糖を練り混ぜて着色したら、俵形に整えて保存します。色別にしっかりとラップで包み、まとめて密閉容器に入れるといいでしょう。その日のうちに使わない場合は冷蔵庫へ。芯まで十分に室温に戻してから使います。

ラップで2、3重に、ぴったりと包む。

色ごとに俵形に整えておくと、整理しやすい。

■ 粉糖はマジパンの固さ調整と打ち粉に使う

作業中もそばに置き、打ち粉に使用。

マジパン細工の出来栄えは、粉糖の使い方で決まります。使用目的はふたつ。ひとつはマジパンを適度な固さにするために練り込む粉糖。もうひとつは作業中、手や台にくっつかないようにする打ち粉としての粉糖です。もっとも一般的なコーンスターチ入りタイプを使用しましょう。

■ 赤、黄、緑の3色があればたいていの色が出せる

食用色素なら粉末、液体のどちらでもかまいません。液体はそのまま、粉末は水、またはキルシュなどのアルコールで溶いてマジパンに混ぜます。赤、黄、緑の3色を混ぜることで、たいていの色を出すことができますが、青と黒だけは無理なので、それぞれの色素を使用してください。

手軽に購入できる赤、黄、緑の3色（株式会社共和食品）。

青（左・日の出鹿印）と黒（右・株式会社桃山）だけは単色の色素を使う。

❖ 色の混ぜ方の例

■ ココアを練り込むだけでも茶に染められる

茶は赤と緑で作れますが、よりチョコレートに近い色にしたい場合はココアパウダーで着色する手も。粉糖を混ぜていないマジパンに直接練り込んでください。ココアパウダーは着色と同時にマジパンの固さを調節する機能もあります。色よく、香り高いチョコマジパンになります。

最大の道具はあなたの「手」。
でも創作の幅を広げるために揃えておきたい

とりあえず、あると便利な道具は4つ

■ マジパンスティックは種類が豊富。画材や文房具も使える

　マジパンに模様を入れたり、成形するのに使います。フルセットは12本、セットとバラ売りの両方があります。メーカーによって先端のサイズが多少異なりますが、形はほぼ同じ。ドイツ製の高級品はフルセットで2万円以上もしますが、国産には1500円程度のものもあり、値段はさまざまです。

　粘土細工用や陶芸用のスティック、ペン先などを使うのも手で、ものによってはマジパンスティックでは出せない模様ができることも。製菓道具だけでなく、画材や文房具にも目配りしてみてください。

円錐形／ボール形
骨形大／骨形小
貝殻形／半月形小

ノコギリ形／弓矢形
串形／棒形
2枚刃形または1枚刃形／星形

U字形小／U字形大
ギザギザ形小／ギザギザ形大
両刃形大／両刃形小

半月形大／半月形小
V字形／船形
とがったナイフ形／丸いナイフ形

■ 薄く伸ばしたいときは麺棒を使う

　麺棒を使えばマジパンを紙のように薄く伸ばせ、植物や洋服をよりリアルに作ることができます。長い麺棒はケーキのカバー用に、短い麺棒は小さな細工用に、2本あれば鬼に金棒です。マジパンが麺棒にくっつきやすいので、最低量の打ち粉（粉糖）をふりながら伸ばしましょう。

初心者は万能性のある長い麺棒1本で十分。

粘土細工用の麺棒を使っても。筒状で軽い。

種類豊富なシュガークラフト用の麺棒、ロールピンも便利。

専用の台の上で作ると、作業効率がぐっと上がる

まず、テーブルはガタガタ動かないか、ちゃんと安定しているかを確認してください。その上にマットやトレー、マーブル板をのせて、作業台にします。なくても作れますが、専用の台の上だと作業効率がぐっと上がります。

初心者向けにおすすめなのは、カッティングマット。サイズはA3が場所もとらず、使い勝手のいい大きさです。そのまま動かせるので、あとかたづけも楽です。指先で転がして作るミニパーツ作りには、木製トレーがベスト。マジパンがすべらず、楽に転がすことができます。暑い時期やマジパンに混ぜる粉糖の量が少ない場合は、マーブル板が最適。マジパンがべたついたとき、瞬時に冷やして固くすることができます。

マーブル板は、マジパンを冷却しながら作業できるのがメリット。

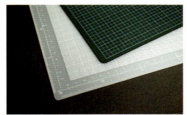
事務用品として販売されているカッティングマットは、マジパンがくっつきにくく、目盛りが定規がわりになるので便利。

ミニパーツを丸める作業には木製トレーが最適。

接着には筆、打ち粉をはらうには刷毛が役立つ

マジパンの接着には水やアルコール、卵白などを使用します。指先でも塗れますが、塗る面に合ったサイズの筆を使えばむらなく塗れ、効率的です。とくに小さな面には細い筆を使うと楽に塗れます。幅広の刷毛(左)は、打ち粉の余分を落とすのに便利です。

筆、刷毛は毛の抜けにくい高品質を選ぶ。

テクニック&ツール 基本の基本

クリンパは、ひも状のマジパンにレース模様を入れる道具

先がギザギザしたピンセット形の装飾器具です。適度な力でつまんでは離すを繰り返し、ひも状のマジパンにレース模様を入れられます。真上、斜め上など、つまむ角度によっても印象が変わります。

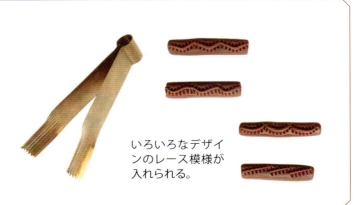
いろいろなデザインのレース模様が入れられる。

細工をはじめる前に、まず粉糖を混ぜて練る

自分に合った固さにマジパンを調整

　細工用マジパンは、そのままでは使えません。粉糖を練り込んで、細工するのに適度な固さに調整してから使います。マジパンと粉糖の配合は作る人によって異なり、マジパンの種類によっても微妙に変化するので、数字はあくまでも目安です。なれるまでどんどんマジパンにさわって、自分に合った固さを見つけましょう。教えるのは、米山 巌シェフ。変形しにくい固めの配合を紹介します。

【配合】
細工用マジパン…500g
粉糖…150g

粉糖をまんべんなく混ぜきる

1
マジパンは作業の数時間前に冷蔵庫から出して常温に戻し、表面も中も同じ柔らかさに練る。

2
粉糖を台に広げてマジパンをのせ、体重をかけて上から押し、ひっくり返す作業をくり返す。

3
手の温度で少しずつマジパンを温める感覚で、細工に適した柔らかさにする。

4
粉糖を混ぜきり、なめらかになったら完成（右）。練る前（左）に比べ、つるりとして色がより白くなった。

5
筒形に整えてラップで包む。小さな細工に使う場合は細い筒形、大きな細工には太めの筒形にするとよい。

テクニック＆ツール　基本の基本

マジパンの大敵、乾燥を防いできれいな作品に仕上げるためには‥

　細工用マジパンは、乾燥しやすいのが難点。バラの花びら作りに熱中するあまり、そばに置いた残りのマジパンが乾いていた、ということも珍しくありません。同じ色のマジパンをもう一度作るのは、意外に難しいものです。ひとつのかたまりから作品を完成させるために、ふたつのルールを必ず守りましょう。

まめにラップで覆う
作業中ふと気がつくと、使いかけのマジパンが台の上に散乱しがちです。手の上にのっていないマジパンはこまめにラップに包み、少しでも乾燥から守る習慣をつけましょう。上から覆うだけでも違います。

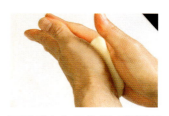
両手でもんで体温で温める
作業中、マジパンの表面が少しでも乾燥したように感じたら、両手に挟んでよくもみ、体温で柔らかくしてから、形作りにかかりましょう。部分的に気になったしわは、息を吹きかけるだけで消える場合もあります。

色むらがなくなるまで、ていねいに練る
マジパンに色をつける。
最初は原色のベースカラーで練習

　最初に用意するのは、赤、黄、緑のベースカラー。この3色から、いろいろな色に変化させていきます。色づけにはいくつかのやり方がありますが、もっとも基本的で、初心者におすすめの方法です。ここでは粉末の食用色素を水で溶いていますが、水のかわりに甘くて透明なリキュール類で溶いてもいいでしょう。香りのよいカラーマジパンができあがります。

色素をごく少量の水で溶いてペーストにする

1 容器に粉末の食用色素を入れる。必要な色の量をよく考えて、無駄が出ないように加減する。

2 スプーンなどで水を1滴ずつ加え、ダマがなくなるまで楊枝で混ぜる。

3 最小限の水で溶いてペースト状にする。水が多いとマジパンが柔らかくなってしまうので注意。

最初は濃いめに色づけ、薄くしたいときは後でマジパンを足す

1 楊枝で少量のペーストを取ってマジパンにのせ、思ったとおりの色ができそうか、軽く確認してみる。

2 かたまりから少量のマジパンをちぎり、ペーストをつける。ペーストはたっぷりと。

3 ペーストをつけたマジパンを残りのマジパンで包み、台を汚さないように練り混ぜていく。

4 打ち粉（粉糖）をし、手のつけ根で押すようにこねる。打ち粉が多すぎるとマジパンが固くなるので、様子を見て最小限に。

5 全体の色が均一になったら完成。最初は濃いめに作り、薄くしたい場合は後でマジパンを足すとよい。

シンプルな原色を微妙な色調に生まれ変わらせる
赤、黄、緑のベースカラーに他の色をブレンド

マジパンを赤、黄、緑に色づけたら、次は色のブレンドをします。原色そのままのマジパンは色調が単純すぎ、おいしそうに見えないからです。同じ黄色でも、他の色をほんの少し混ぜるだけで、微妙な色合いに変わるから不思議。色のブレンドには、色づけたマジパンにペーストを足す、色づけたマジパン同士を混ぜるなど、いくつかの方法があります。こうして作ったオリジナルカラーで、いよいよ細工にかかります。

作品の完成度を決めるのが色。微妙な色合いを出し、おいしそうに見せるのがポイント。

黄ベースに赤をプラス

1 黄のマジパンに赤のペーストを足す。薄い地色に濃い色を加えて調節するとよい。

2 薄くすり伸ばして体温で温めながら、色むらが完全になくなるまで十分に練る。

3 左が赤を混ぜたもの。右の原色より、下の赤茶色とよく調和する。

赤ベースに黄と茶をプラス

1 少量の黄を練り込んだ赤に、さらに茶色を混ぜる。茶はココアパウダーを利用。粉のまま練り込む。

2 赤は手につきやすいので手袋をはめるか、作業後にすぐ手を洗う。何色も用意する場合は、赤や濃い色は後まわしにするとよい

3 左が茶と黄を混ぜたもの。右の原色に比べ、下の赤茶色とよくなじむ。

チョコレート色を出したいときはココアパウダーで

1 粉糖を練り込む前のマジパンにココアパウダーを混ぜる。手のつけ根で押し、力を入れて混ぜる。

2 ココアの香りがする、濃い茶のマジパンのできあがり。赤と緑を混ぜて作る茶よりチョコレート色に近い。

マジパン同士を混ぜる

マジパンの色づけは、マジパン同士を混ぜてもOK。色を薄くしたい場合は無着色のマジパンを混ぜる。

8 Basic shapes

マジパン細工の基本の形はこの8つ

複雑そうに見える作品でも、分解してみるとシンプルな形の組み合わせでできています。

丸形

基本中の基本。どんな形でも、最初は丸形を作ることからはじまります。両手で包み、体温で温めながら丸めると、つるりとなめらかに。ごく小さいサイズは指先で転がして丸めます。いびつにならないよう、練習をくり返しましょう。

しずく形

丸形と同じく基本中の基本です。小さいサイズを押しつぶして平たくしたもの（手前）は、動物の手足や耳などに使います。

俵形

丸形を手で転がして均一に力を送り、同じ太さに整えます。

コイン形と小判形

丸形を押しつぶすとコイン形、俵形を押しつぶすと小判形になります。おもに小さなサイズで作り、コイン形は首や帽子、俵形は動物の目や耳などに使います。

太ひも形

俵形をさらに転がして長くします。長いものは両手で均一に力を入れ、短いものは片手で同様に。これを薄切りにすると、花びらを何枚も作るときに便利。

細ひも形

太ひも形をそのまま転がして細長くします。長いものは花と組み合わせてつるや文字を描いても。短いものは人形の髪の毛、動物の尻尾などに。

シート形

マジパンのかたまりを麺棒で伸ばし、薄いシート形にしたもの。伸ばすさいは均等に力を入れ、厚さを揃えます。マジパンが台や麺棒にくっつきやすいので、必ず打ち粉（粉糖）をすること。

花びら形

丸形やしずく形をビニールに挟んで押しつぶします。縁の半分ほどはさらに押しつぶして薄く。ラップはしわになりやすいので、ビニールはOPPシートなどを使いましょう。

いよいよ、形作り。最初は基本中の基本「丸形」でトレーニングをしよう

きれいに丸め、マジパンスティックで模様を入れる

マジパンの固さが整い、色づけがすんだら、いよいよ形作りにかかりましょう。最初にマスターしてほしいのは、丸形。どんな形も、いつでも丸からはじまります。どこから見ても筋ひとつない、つるりとしたゆがみのない丸形を、大中小のサイズで作れるように練習しましょう。

ゆがみのない美しい丸形を作るのが第一歩

1 くるみ大のマジパンを両手で挟み、すりつぶすように薄く伸ばし、手の体温で柔らかくする。

2 柔らかくなったら転がして筋ひとつない、ゆがみのない丸形を作る。

丸形＋マジパンスティックで顔を作る

美しい丸形ができたらマジパンスティックで筋やくぼみを入れて簡単な作品作りをしてみましょう。

U字形スティック1本でいろいろな表情を出す

1 U字形スティックを軽く押し込み、目と口の表情をいろいろ作ってみる。

2 眉毛を作る。

スティックの向きを変えれば、さまざまな表情作りが楽しめる。

2本のラインでしわを入れて老人顔に

1 半月形スティックを平らな面を上にして軽く押し込み、口を作る。

2 口の左右にU字形スティックをやや深めに押し込み、ほうれい線を入れる。

歯を見せて大笑いしている顔を作る

1

貝殻形スティックをやや上に向かって口にぐっと押し込み、歯の筋を入れる。

2

歯の上に半月形スティックを、平らな面を上にして軽く押し込む。

3

リスの前歯をイメージし、U字形スティックを歯先のあたりに押し込み、あごの輪郭をつける。

4

U字形スティックを手前に引きながら、前歯を上に軽く押し上げ、出っ歯にする。

5

下唇に沿って骨形スティックをすべらせ、軽くラインを入れるとさらに表情が豊かになる。

大小の丸形にスティック3本で立体的な顔に

1

骨形スティックで目のくぼみを作る。目はくぼませた後、白と黒のマジパンで目玉を入れる方法もある。

2

少量のマジパンを手のひらにのせ、指先で転がして小さな丸形の耳を2個作る。

3

円錐形スティックを**2**にさし、水をつけ、頭に押しつけて接着。鼻も小さな丸形を作り、水をつけ、指でつまんで顔の真ん中に押しつける。

4

串形スティックを軽く押し込んで口を作る。棒を上下左右に動かして、形を変えても楽しい。

5

両刃形スティックを軽く押し込んで眉毛を入れる。

次は小さな作品に挑戦。接着の方法も覚えられる
動物で一番かんたん、しずく形でネズミ作り

美しい丸形が作れるようになったら、次はしずく形をマスターしましょう。しずく形からは、あっという間にネズミができあがります。ここでは、接着の方法も覚えましょう。

用意するマジパンの色
- ○ 胴体…白（無着色）
- ● 目、鼻、尻尾…ココアパウダーで着色
- ● チーズ…黄＋上記の茶で着色

大小のしずく形で胴体と耳を作る

1 ネズミの胴体を作る。マジパンを練って柔らかくし、つるりとなめらかな丸形に。

2 両手の小指の下側をぴったりと合わせ、丸形を両手ですり合わせながら先をとがらせ、しずく形を作る。

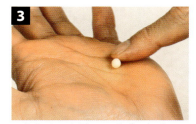

3 耳を作る。少量のマジパンを手のひらにのせ、指先で転がして丸形を2個作る。

4 途中で片側にやや力を入れて転がすと、しずく形ができる。

5 小さなしずく形は、先のとがったほうを指でつまむと形が崩れにくい。

耳、足、尻尾、鼻、目を接着する

胴体のしずく形の先を少しつぶす。耳は少し平らに押しつぶし、水をつけて頭にのせ、つけ根を骨形スティックで押して接着する。

耳より少し大きめに、後ろ足用のしずく形を2個作り、少し平らに押しつぶす。

後ろ足より少し小さめに、前足用のしずく形を2個作る。足の丸みのある部分にナイフ形スティックで2本ずつ筋を入れる。

しずく形のとがったほうに水を少しつけ、前足を接着する。

茶色のマジパンを使い、指先で転がして目と鼻用の小さな丸形を作る。

細い筆で顔の目と鼻をつける場所に水を塗り、最低限の力で押しながら丸形を接着。後ろ足も接着する。

濃い茶のマジパンを手のひらで転がし、尻尾用のしずく形を作る。

台に移動し、しずく形のまま細長くなるように手のひら全体を使って転がす。

尻尾を大きく一回転させ、胴体の尻尾の位置に水を塗り、接着する。尻尾の先にも水を塗って接着し、固定させる。

チーズを作ってかじらせる

マジパンを麺棒で薄く伸ばし、小さな丸型で穴を開ける。ここでは絞り袋用の丸口金を利用。

無造作にナイフで切り分け、ネズミがかじった感じを出す。

テクニック&ツール　基本の基本

接着剤は水、アルコール、卵白の3つ

　パーツは必ず液体を塗って接着します。接着剤には水、アルコール、卵白の3種があり、用途に合わせて使い分けることが有効です。

　目や耳、花びらなどの小さなパーツは片面に水を塗るだけで十分。接着後、すぐに固めたい場合はキルシュなどのアルコールが便利です。糖分のあるリキュール類を塗ると、よりしっかりと接着することができます。面積の広い洋服や重い頭などには、卵白を塗れば強力に接着できて安心。ただし、卵白は塗った跡が残るため、はみ出さないように塗りましょう。

接着には筆が便利。太さを変えて何本か用意しよう。

マジパンスティックを
上手に使い分けて雰囲気を出す

しずく形＋スティック6種＋麺棒で作る「お昼寝ウサギくん」

　ウサギのチャームポイント、出っ歯をスティックだけで表現します。ウサギは復活祭用のお菓子に人気のキャラクター。頭だけを作って毛布をふわりとかけ、下に胴体が隠れているように見せるのがポイントです。好きな色のマジパンで作ってみましょう。

頭を作り、貝殻形とU字形のスティックで歯と口を入れる

1 しずく形を作り、形が崩れないように注意し、太い部分を回転させながら先をとがらせ、耳を作る。

2 ナイフで耳に切れ目を入れ、ねじって切り口を後ろに向ける。耳のつけ根を船形スティックでくぼませる。

3 U字形スティックを深めに差し込み、閉じた目を入れる。

4 貝殻形スティックを少し上に向けて口に押し込み、歯の筋を入れる。

5 歯の上に半月形スティックを、平らな面を上にして軽く押し込み、口の輪郭を作る。

6 U字形スティックを歯先の位置にさし、押し上げて出っ歯にする。スティックを引きながら下あごの輪郭をつける。

7 左右の口角にU字形スティックで筋を入れる。

8 下唇に沿って骨形スティックをすべらせ、軽くラインを入れるとさらに表情が豊かになる。

フリルとライン入りの毛布をかけて完成

1 台に最低限の打ち粉をふり、麺棒でマジパンを薄く伸ばし、毛布を作る。

2 ナイフで四角く切り、縁に楊枝の先を押しつけ、少し力を入れて楊枝を転がし、フリルにする。フリルの幅が揃うように。

3 フリルが入った部分と平らな部分の境目にギザギザ形スティックを押し当ててラインを入れ、縫い目に見立てる。

4 ウサギの口が隠れるよう、ふわりと毛布をかける。固定させたいときは、あごに水を塗って接着する。

アイデアと工夫次第。こんなこともできる
これまでの練習では出てこなかったマジパンスティックの使い方

細かいラインが入った運動靴

1 しずく形を作り、ノコギリ形スティックを1周させて靴底のラインを入れる。

2 2枚刃形スティックを使い、靴底のラインに垂直に小刻みにラインを入れる。

3 骨形スティックでくぼみを入れ、靴を完成させる。

帽子を頭の形に合わせて作る

1 ボール形スティックに、帽子をかぶせるようにしてコイン形をのせ、押しつける。

2 つばの境目をゆるやかに入れ、好みでつばの幅を調整する。

星形はフルーツのへたに最適

レモンやオレンジなどの形を作り、へたの部分に星形スティックでくぼみを入れる。

動物のひづめや水かきができる

しずく形を押しつぶし、V字形スティックをぐっと押し当てると、ブタやアヒルの足になる。

喜んだ顔、困った顔…。黒目の向きで喜怒哀楽を出せる

目でかわいさを強調。童話の世界の動物たち

マジパンの動物は、写実性よりかわいらしさが大切。水でパーツを接着して組み立てる、本格的な動物作りに挑戦しましょう。接着面は広いほど壊れにくいので、腕はつけ根だけで接着せず、なれないうちは胴体にぴたりと張りつける方法からはじめてもよいでしょう。

1 胴体を作る。先の丸いしずく形を作る。

2 倒れないように上から少し押し、底を平らにする。頭をのせる部分も少し平たくする。

3 首輪を作る。丸形を押しつぶしてコイン形を作り、水を塗って胴体に接着する。

4 丸形の頭を作る。小さなしずく形の目、小さな丸形の鼻を作り、水を塗って接着する。目と鼻は手のひらにのせ、指先で丸めるとよい。

頭を少しかしげ、
片手はあごに近づけて
迷子のパンダくん

用意するマジパンの色
○ 胴体、頭…白（無着色）
● 首輪、舌…赤＋下記の茶で着色
● 目、鼻、耳、足、尻尾…ココアパウダーで着色

［その他の材料］ ほお紅用の粉末食用色素…赤

舌を作る。ごく小さなし
ずく形を押しつぶし、先
を手前にして楊枝で口の
部分に押し込む。

耳を作る。2個の丸形を
作り、手のひらの上で押
しつぶす。

耳をつける部分に水を塗
り、骨形スティックでく
ぼみをつけながら押しつ
けて接着する。

食用色素と水をほんの少
量ずつ混ぜて指先につ
け、キッチンペーパーで
軽くぬぐって指先がしめ
る程度にする。

パンダのほおを指先で軽
く叩き、ほんのり赤く染
める。

後ろ足を作る。長いしず
く形を作り、太いほうの
先を指でつまんで少しと
がらせる。少し太めに。
前足も同様に、後ろ足よ
り小さめに作る。

首をかしげている感
じに頭を接着。後ろ
足はつけ根を骨形ス
ティックで少しくぼ
ませ、接着する。

前足の片方は先をあ
ごに近づけて接着
し、困ったポーズに
する。尻尾は丸形を
作って後ろに張る。

しずく形の両端を切って足を作る
はずかしがりやのウサギくん

用意するマジパンの色
- 頭、胴体、尻尾…ココアパウダー＋黄＋赤で着色
- 黒目、鼻…ココアパウダーで着色
- ○ 白目、ほお…白（無着色）
- ● 舌…赤＋黒目と同じ茶で着色

でっぷりしたお腹の胴体を作り、足を出して立たせる

1 胴体用にしずく形を作る。先はあまりとがらせないでおく。

2 先を上に向け、指先を使って転がしながら少し長くし、真ん中あたりにくびれを作る。

3 先が細長いひょうたん形になればOK。細い部分はこの後、2本の前足になる。

4 太いほうの先を両手の指で挟んで転がしながら、くびれを作る。急いで転がすと形が悪くなるので注意。

5 両端にそれぞれナイフを入れて前足と後ろ足にする。それぞれ胴体とつながっているので、接着する必要がなく、はずれにくいのが特徴。

6 お腹の下のくびれに沿ってナイフ形スティックで筋を入れ、お腹が張り出した感じを強調させる。

7 後ろ足の切れ目を左右に広げる。お腹に筋を入れたので後ろ足の形が整えやすく、立たせたとき安定する。

8 前足も同じように左右に大きく広げ、前に出す。コイン形を作り、水を塗って首の部分に接着する。小さな丸形を作り、お尻に張って尻尾にする。

ナイフを入れて長い耳を作る

1
18ページの「お昼寝ウサギくん」と同じようにしずく形で頭を作り、耳に船形スティックでくぼみを入れて形を整える。

2
耳を片方ずつゆっくりとカーブさせて、生き生きとした感じを出す。

3
骨形スティックを押し当てて目のくぼみを作る。目玉を入れるので、大きめにくぼませるとよい。

4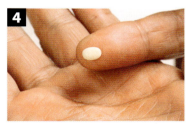
白目を作る。手の上で小さな丸形を作り、指先で転がして俵形にしてから押しつぶす。

5
くぼみに水を塗り、白目を張る。その上に、軽くつぶした小さな丸形を上向きに接着して黒目を入れる。先のとがったしずく形を、軽くつぶして目の下に接着し、ほおを作る。

6
楊枝でほおに細かな穴を開け、ヒゲがはえている感じを出す。

7
鼻用に目より大きめの丸形を作って接着。舌用には小さなしずく形を作り、軽くつぶし、先を手前にして楊枝にのせ、鼻の下にぐっと押しつけて接着する。

8
頭を少し上向きに首に接着する。前足をひねって、はずかしそうなポーズにする。

タテガミは太いひもを首に巻きつけて
ライオンくんのお散歩

タテガミを首にまわしかける

1 タテガミを作る。丸形を手のひらで転がして俵形にし、途中から指先で転がしてひも形に伸ばす。

2 胴体を作る。先が太めのしずく形を作り、先を少しつぶす。タテガミをつける位置に筆で水を塗る。

3 タテガミを転がしながらナイフの背で等間隔に筋を入れる。首のまわりに当ててみて、余分を切り取る。

4 タテガミの筋をつぶさないように、軽く押さえつけて胴体に接着する。

5 小さな丸形を押しつぶしてコイン形にし、耳を作る。

6 耳のつけ根に水を塗り、タテガミにぴったりつくように接着する。骨形スティックでくぼみを作りながら、タテガミに押しつける。

> **用意するマジパンの色**
> ● タテガミ、黒目、鼻、尻尾の先…ココアパウダーで着色
> ● 胴体、尻尾のひも形、足…タテガミの茶＋黄＋白（無着色）で着色
> ○ 白目、ほお…白（無着色）
> ● 舌…赤＋胴体の茶で着色

顔を作って仕上げる

1 骨形スティックで耳の手前に目のくぼみを作る。

2 白目を作る。手の上で小さな丸形を作り、指先で転がして俵形にしてから押しつぶし、水を塗ってくぼみに接着する。軽くつぶした小さな丸形で黒目を作り、寄り目がちに接着する。ほお用に目より大きめに先のとがったしずく形を作り、軽くつぶして目の下に接着する。

3 ほおに楊枝で穴を開け、鼻用に黒目より大きめの丸形を作って接着。舌用には小さなしずく形を作り、軽くつぶし、先を手前にして楊枝にのせ、口の場所にぐっと押しつけて接着し、縦に筋を入れる。

4 足を作る。しずく形の先をあまりとがらせずに、前足より後ろ足をやや大きめに作る。

5 ナイフ形スティックを軽く押し込んで足の指の筋を3本ずつ入れ、水を塗って胴体に接着する。

6 尻尾を作る。タテガミと同じ要領で長く伸ばし、先は少し細くする。しずく形を押しつぶして先を作り、ナイフの背で筋を入れ、接着する。

7 尻尾の位置に骨形スティックで深めのくぼみを作る。

8 尻尾を軽くカーブさせて接着し、きゅっと軽くひねって形を整える。

9 尻尾は根元と胴体の2か所で接着すると安定し、壊れにくい。

手のひらは別に作って後で接着
ひょうきんポーズのブタくん

用意するマジパンの色
- 🟠 胴体と頭…赤で着色
- 🟢 帽子…黄＋緑で着色
- ⚪ 白目…白（無着色）
- 🟤 黒目…ココアパウダーで着色
- 🟡 ボール…黄で着色

［その他の材料］
ほお紅用の粉末食用色素…赤

でっぷりした胴体を作り、背中を曲げて座らせる

1 胴体用に先が太めのしずく形を作り、手のひらで軽く押しつぶす。

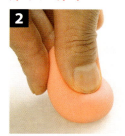

2 先を上に向け、お腹を親指で押し、少しへこませながら背を丸くする。

3 親指で押しながら、倒れないように底を平らにする。先も少し押して平らにする。

4 ナイフ形スティックで前から後ろに向けて、縦に足の筋を入れる。

5 後ろ足用に先を少しとがらせたしずく形を作り、ナイフ形スティックで指の筋を3本ずつ入れる。

6 胴体に水をつけて後ろ足を張る。丸形を押しつぶしてコイン形を作り、首にのせて接着する。

7 骨形スティックで前足をつける位置を少しくぼませる。

頭に大きな鼻をつけ、小さな帽子をかぶせる

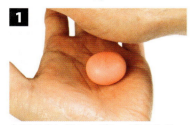

1 丸形を少し押しつぶし、頭を作る。

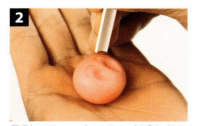

2 骨形スティックで目のくぼみを入れ、U字形スティックで目から少し離れた位置に眉毛を入れる。

3 俵形を押しつぶして鼻を作り、水を塗って接着し、円錐形スティックを深めにさして鼻の穴を開ける。

4 耳を作る。小さなしずく形を作って押しつぶし、先を指でつまんでとがらせる。

5 耳のつけ根に水を塗り、頭にのせて骨形スティックで根元を押さえ、くぼみをつけながら接着する。

6 帽子を作る。丸形を押しつぶしてコイン形にし、水を塗って上に丸形を接着する。これを頭の上に接着する。

前足と目を接着し、ピースサインで仕上げる

1 前足用に先を少しとがらせて長いしずく形を作り、水を塗って胴体に接着する。先端に円錐形スティックを押し込み、手をさす穴を作る。

2 右手を作る。小さいしずく形を押しつぶし、ナイフで5本の指の切り込みを入れる。

3 左手は親指だけを作る。右手はピースサインの形にする。つけ根に水を塗り、穴にさして接着する。

4 白目を作る。手の上で小さな丸形を作り、指先で転がして俵形にしてから押しつぶし、目のくぼみに接着する。軽くつぶした小さな丸形で黒目を作り、白目に接着する。赤の食用色素を少量の水で溶いて指先に少しだけつけ、ほおをこすって薄く染め、小さな丸形をお腹にのせる。

ケーキの上に
マジパンで物語や情景を展開

マジパン仕上げのデコレーションケーキを作る

小さな作品が作れるようになったら、
ストーリー性のあるデコレーションケーキにチャレンジしてみましょう。
バースデーやクリスマス、結婚記念日など、最初にテーマを決め、
ホールケーキの上にいろいろな生きものや植物を組み合わせて飾り、
ひとつの物語や情景を展開させます。
生ケーキを飾ることもできますが、ここで紹介するのは、
スポンジをマジパンでカバーした土台を使う本格派。
マジパンのコンクールに出展するためには、必ず進まなければならないステップです。
土台がしっかりしているので、たくさんのせても崩れず、日持ちがするのが特徴。
アクリルのケースなどに入れておけば2、3年は持つので、
インテリアとしても楽しめます。

最初に用意するのは
スポンジをマジパンでカバーした
土台

マジパン細工が、それぞれの
役柄を演じる「ステージ」です。
どこから見ても完璧に
つややかな表面に仕上げましょう。

粉、卵、グラニュー糖が同割の配合
固いスポンジを焼き、芯まで乾かす

　土台の中身になるスポンジを焼きます。材料は薄力粉、卵、グラニュー糖。油脂は使いません。すべてが同じ分量の「三同割タイプ」のスポンジです。焼いた後は芯までしっかりカリカリになるまで乾燥させ、固くします。完全に乾燥させることで、保存性が高まります。スポンジにデコボコがあると、マジパンでカバーリング後の表面に出てしまうので、きれいに削り取るようにしてください。

材料（直径24cmのスポンジ型1台分）
全卵…350g
グラニュー糖…350g
薄力粉…350g

細工専用のスポンジは油脂を
加えず、固く焼き上がる配合。

作り方
1. 全卵を溶きほぐし、湯せんにかけながらグラニュー糖を数回に分けて加え、泡立てる。
2. もったりと泡立ってきたら薄力粉を数回に分けて加え、泡をつぶさないようにさっくりとむらなく混ぜ合わせる。
3. セルクル型に詰めて170度のオーブンで約30〜35分間焼く。焼成後、余分を切り落としながら成形すると元のサイズより小さくなるため、セルクル型は1サイズ大きいもので焼くようにする。
4. 型からはずし、風通しのいい場所におくか、オーブンの捨て火を利用して芯まで完全に乾燥させる。
5. 表面の焼き色を薄くそぎ落とし、厚さを均一に揃え、上の面の角を包丁でそぎ落として丸くする。

クリームを塗り、空気を抜いてなめらかに
マジパンでスポンジをカバーリングする

　クリームを塗って気泡のデコボコを埋め、薄く伸ばしたマジパンですっぽりと覆い、つややかで美しい土台に仕上げます。美しいカバーリングのための最大のポイントは、マジパンとスポンジの間の空気を完全に抜くこと。米山シェフの基本的な方法をベースに、3人のシェフそれぞれのコツを紹介します。

◆ 米山シェフの方法

ショートニングを下地に、厚めのマジパンでコーティング

　やや厚めに伸ばしたマジパンでカバーする基本的な方法です。マジパンとスポンジの間にはクリームを塗り、ぴたりとフィットさせます。初心者は手に入りやすいショートニングを塗る方法から練習するとよいでしょう。

1 スポンジ全体にショートニングをパレットで塗る。表面の穴を隠し、デコボコのないつるりとした表面にする。ショートニングが固い場合は電子レンジで柔らかくしてから使う。

2 マジパンを厚さ4.5〜5mmに麺棒で伸ばす。麺棒を転がすときは力を入れすぎると厚さにむらができるので注意。

3 スポンジにかぶせ、余分な空気を中心から外側に追い出しながら、ぴたりと張りつける。側面のしわが1か所に集まらないように、全体をまんべんなく押しつける。

4 ナイフを1周させて余分を切り取り、側面を手で静かに押さえてぴたりと張りつける。

5 仕上げにナイフを逆さに構えて側面を平らにし、縁の部分を底に押し込んできれいにする。

羽鳥シェフの方法

OPPシートを利用してクリームを均等に伸ばす

スポンジに塗るのは一般的なバタークリーム。OPPシートをピンと張って角をなぞり、余分なクリームをきれいに取り除けば、クリームが均等な厚さになってマジパンがデコボコになるのを防げます。

1 スポンジにパレットでバタークリームを薄く全面に塗る。パレットを角に当て、全体を薄く均一にする。

2 OPPシートでなぞり、角の余分を取り除く。

3 マジパン（緑＋黄＋赤で着色）の厚さは3〜4mm。スポンジに密着させる前に余分を切り、手でなでて空気を追い出す。

！失敗 スポンジに塗るクリームは量が多いとマジパンがすべり、しわが寄る原因になる。均一に、できるかぎり薄く塗ること。

岡部シェフの方法

ナイフの向きに注意してマジパンの厚さを均一に

余分なマジパンを切り落とすさい、ナイフを入れる向きに注意します。外側から内側へ向かってナイフを入れると、マジパンが引っぱられないので、ひび割れを防げます。

1 スポンジにパレットでバタークリームを全面に塗る。ゴム手袋をした手で表面をなぞって余分なクリームを取り除き、極限まで薄くつける。

2 厚さ5mmに伸ばしたマジパンをかけ、ある程度密着させる。スポンジの底を持ち、ケーキをまわしながらナイフで余分を切り取る。

3 側面を手でなでて密着させる。カード2枚で側面をこすってしっかりと密着させ、表面をなめらかにする。

月尾シェフの方法

2mm厚さを2枚重ね、最終的な厚さは3mmに

1台を2枚のマジパンでカバーリングします。1枚あたりの厚さは2mm。空気を追い出しながら台に張りつけるうちにマジパンが伸び、最終的な厚さは3mmになるという計算です。

1 マジパンは白と肌色（茶＋黄で着色）を厚さ2mmに伸ばす。肌色のマジパンは厚みのあるうちにアーモンドの皮などを針で取り除く。

2 スポンジにバタークリームを薄く塗る。マジパンを麺棒に巻きつけてのせ、台の上を転がしながら中の空気を追い出す。

3 2枚目は1枚目の全体に刷毛で水を塗ってからかぶせる。接着のさいは厚紙を回転させてこすり、空気を追い出す。

4 側面は小さい厚紙を円を描くようにすべらせて張る。2枚重ねにすると表面を平らにするための作業時間が大幅に短縮できる。

Marzipan Story

天使たちが空を見上げて夢をかたる
入門者向けのデコレーションケーキ

JOLI ［カワイイ］

まんまる頭の天使と男の子。衣装は純白で揃え、おしゃれでかわいらしい着こなしにします。「マジパン細工で大切なのは、おいしそうな色使い」という米山シェフは、原色を使いません。茶、赤、緑のアースカラーでまとめ、バラをポイントに夢の世界を描きました。

使用したマジパン。互いの色を少しずつ混ぜると全体が調和しやすい。

右からの図
ふっくらとしたバラは、人形と同じくらい大きなサイズにしておおらかな印象に。

後ろからの図
男の子の洋服は、裾が風になびくようにふわりとさせる。

左からの図
女の子がまとったフリルは大きめに作り、ウェディングドレスのように華やかに。

土台を2本のひもでシンプルに飾る

センターに円形の舞台を作り、太いひもと細いひもを1本ずつ張って仕上げる入門者向けのシンプルバージョンです。

> **用意するマジパンの色**
> - 円形の舞台、葉の模様…ひもの茶＋黄で着色
> - 太いひも、細いひも…ココアパウダーで着色
> - つる、葉…緑＋黄で着色

中央に円形の舞台を作る

1 円形の舞台用のマジパンを、できるかぎり円形になるように麺棒で約3mm厚さに伸ばす。

2 直径11cmの丸型で抜き、水を塗り、カバーリングした直径18cmの土台（30ページ参照）の中央に接着する。

3 丸形を手のひらで転がして幅6mm、長さ40cmのひもを1本作る。

4 ひもを接着する部分に水を塗る。土台と丸形の縁の両方に塗るように。

5 土台のいちばん美しい部分を正面に決め、その真後ろからひもを接着しはじめる。つなぎ目がわからないよう、ぴったりの位置で切る。

6 細いひもと同じ要領で幅1cm、長さ60cmの太めのひもを作る。

7 細いひもと同じ位置から接着しはじめ、指先でやさしく押しつけながら底に沿ってしっかり張りつける。

8 クリンパで太いひもをつまんで飾る。ひものつなぎ目の真上からはじめると、つなぎ目が目立たなくなる。

9 模様がきれいに並ぶように最後の5、6回で間隔を調整する。ひもをつまんだクリンパを開くとき、ひもを引っ張らないように注意。

植物のつるを1本ずつ張りつける

1

しずく形を手のひらで転がして細長く伸ばし、植物のつるを6本作る。

2

舞台のまわりにバランスよく、土台に水を塗ってつるを1本ずつ飾る。左右対称に3本ずつ飾る。

3

つるの根元は位置を揃える。水を間に少し吸わせてぴたりと接着する。

4

つるの先を楊枝などでカーブさせ、自然な美しいラインを作る。

マーブル模様の葉を作る

1

緑でしずく形を作り、茶で作った細いひもを巻きつける。

2

再度しずく形に整えて2色を一体化させる。

3

模様のきれいな部分を上に向けてビニールで挟み、薄く伸ばす。縁を外側に向かって指でこすり、薄くする。

4

ビニールをはがし、ナイフの背で丁寧に葉脈の筋を入れる。

5

葉の先を少しとがらせる。同じ要領で大小のサイズを6、7枚作る。緑1色で小さいサイズも作る。

6

柔らかいうちに縁をそらせたり、全体を同じ方向にカーブさせるなど、自然な感じに1枚1枚形を変える。

ベーシックなバラをマスターする

しずく形を押しつぶして作った花びらで、咲きかけのバラを仕上げます。1輪につき花びらは9枚。4枚の花びらで作った小さめのバラと組み合わせます。

用意するマジパンの色
● バラ…赤＋ココアパウダーで着色

花びら9枚でバラを作る

1 丸形のマジパンをビニールで挟み、指で押して薄く伸ばす。縁の2/3は外側に向かって指でこすり、さらに薄くする。

2 ビニールをはずし、内側に巻いて芯を作る。このとき、根元が徐々にとがるように巻く。

3 大きめのサイズのしずく形を作り、ビニールに挟んで薄く伸ばす。上側の縁の2/3をさらに薄く伸ばす。

4 ビニールからはがして根元を2本の指でつまみ、先の真ん中を軽く押して少し後ろにそらせる。

5 正面から見て自然な形にカーブしているかを確認する。しずく形の花びらは5枚作る。

6 芯のまわりに5を2枚張りつける。少しずつ中心が沈んでいく位置に張ると美しい。

7 花びらが重ならないように、残り3枚で2周目を囲む。

8 大きめの丸形の花びらを同様の方法で3枚作る。薄く伸ばしてビニールからはがしたら、根元を2本の指で軽くつぶす。

9 大きい花びらは根元をつまんだまま、左右に指を軽く当てて少し外側にそらせる。

10 先の真ん中をとがらせるとぐっと花びららしくなる。

11 大きい花びらの完成。縁のそりが、よりリアルに見せるポイント。同じものをあと2枚作る。

12 ふわりと開いた感じになるように、3枚の花びらを根元に水を塗って接着する。内側の花びらと接着位置が重ならないように注意。

13 根元をナイフで真っすぐに切って平らにする。

14 芯、小2枚、大1枚の計5枚の花びらを使い、小さめのバラも1輪用意する。バラは組み立てたら根元を切って平らにする。

バラと葉をバランスよく接着する

1 つるのつけ根が隠れるように、バラに最小限の水を塗って接着する。

2 大小の向きや角度を考え、見栄えよく2輪のバラを飾る。

3 葉も同様にバランスよく接着。葉は乾くまで下にマジパンのかたまりを敷き、形崩れを防ぐ。

フリルをまとった女の子を作る

　風に吹かれ、ひらひらと舞う天使のフリル。実は楊枝1本で作れます。天使の羽の左右を間違えないように注意しましょう。

胴体を作ってフリルのワンピースを着せる

1

座る台を作る。小さめの丸形を作って押しつぶし、上にひとまわり大きな丸形を水を塗って接着する。

2

足を作る。同じ大きさの丸形2個を手のひらで転がして細長くし、先を指で軽くつまんで足の形にする。

3

1を土台の舞台の後ろ側に接着し、その上の中心に足を接着する。片足をやや上げて動きを出す。

4

胴体用にしずく形を作り、足の根元を隠すようにのせ、軽く押して接着する。

5

麺棒で薄く伸ばしたマジパンを花型で抜く。縁に楊枝を押し当てて転がしながら薄くし、フリルにする

6

フリルの形を整えながら足の上に接着する。

7

1本のひも形で両腕を作る。丸形を指先で転がし、中央は指1本で転がして細くする。足と同様に先をつまんで手の形にする。

8

長さのバランス、向きを考えながらフリルの上に接着する。

9

丸形を押しつぶしてコイン形を作り、腕のつけ根が隠れる位置に接着する。

用意するマジパンの色
- 天使が座る台…黄＋赤で着色
- 頭、手足…黄＋赤で着色
- 胴体、フリル、白目、天使の羽…白（無着色）
- 首…黄＋緑で着色
- 髪の毛…黄＋赤＋ココアパウダーで着色
- 黒目…ココアパウダーで着色
- 首につける鈴、天使の輪…黄で着色

頭と羽を作って仕上げる

1

丸形に骨形スティックで目のくぼみを作る。白目は小さな丸形を俵形にして押しつぶし、くぼみに張る。黒目は丸形をつぶし、白目の上寄りに接着する。

2

鼻は丸形を接着。口は串形スティックで穴をあける。耳は丸形を串形スティックにさして頭に押し当てる。首の上に頭を接着する。

3

髪の毛を作る。小さな丸形をビニールで挟んで薄く伸ばし、縁をさらに薄く伸ばす。サイズを変えて大小2枚ずつ作る。

4

ビニールからはがし、包丁の背で髪の毛の筋を入れる。筋は幅を細かく揃えすぎないように。

5

後頭部を覆い隠すように、小さいサイズの髪の毛2枚を張る。

6

前から大きいサイズの髪の毛2枚を張る。首に小さな丸形の鈴をつける。

7

羽を作る。小さいしずく形を大中小のサイズで3個ずつ用意し、ビニールで挟んで押しつぶす。

8

3枚を1セットにして少しずつずらして接着し、左右の羽を作る。接着したときの向きを考えて並べる。

9

細いひも形を輪にして女の子の頭に接着する。羽を背に張り、骨形スティックで押さえてしっかり接着する。

山高帽をかぶった男の子を作る

　真っ白な服を着た男の子は、山高帽がポイントです。手にした贈りものはなにかしら？　照れくさそうな上向きの視線も印象的です。

用意するマジパンの色
- 🔴 靴、コートと帽子の縁、帽子のボンボン、黒目、髪の毛…ココアパウダーで着色
- ⚪ 足、コート、帽子…白（無着色）
- 🟡 頭、手…黄＋赤で着色
- 🟠 プレゼント…赤＋黄で着色
　　　　　　　　　黄＋赤で着色
- 🟡 プレゼントのリボン…黄＋赤で着色

＊側面に絞るグラス・ロワイヤルは卵白に粉糖を加えて練り合わせて作り、絞りやすい固さにする。

茶色い靴をはいた胴体を作り、コートを着せる

1 靴を作る。しずく形の側面の下部にノコギリ形スティックを1周させて靴底の筋を入れる。靴底の筋に垂直になるように2枚刃形スティックを小刻みに当てて筋を入れる。骨形スティックでくぼみを入れ、靴を完成させる。

2 靴はやや外に開く。足用に細めのしずく形を2本作って接着する。しずく形で胴体を作り、先をつぶし、足をつける部分を骨形スティックでくぼませて接着する。

3 コートを作る。麺棒で薄く伸ばし、胴体をぴたりと覆うサイズのくちびる形にナイフで切る。

4 胴体にコートを着せる。裾を開いてふわりとした感じに。縁を少しそらせるとよい。

5 コートの縁飾り用に、指先で転がしてごく細いひもを作る。1本のひもでコートの縁を1周できるように長めに作る。

6 ひもの端が正面から見えにくい位置にくるよう、襟の奥中央からつけはじめる。水はコートの切り口に塗る。

7 途中で切れないように、ゆっくりと慎重に張りつける。

8 丸形をつぶしてコイン形にし、首に接着する。コートの袖用に先のとがったしずく形を作り、円錐形スティックで手を差し込む穴を開ける。

9 スティックをはめたまま胴体につけ、つけ根を軽く押して接着し、ゆっくりとスティックをはずす。

10 マジパンが柔らかいうちに袖の向きを調節する。コートの縁のつけはじめは首で隠れるようにする。

頭を作って仕上げる

1

頭は大きすぎるとバランスが崩れて倒れやすいので、サイズの合った丸形を作って胴体に接着する。これを舞台の女の子より少し奥にのせる。

2

目、耳、鼻、口は39ページの女の子と同じように入れる。細いひも形を楊枝で張って髪の毛にする。

3

しずく形の大小を押しつぶして平たくし、小さいほうを親指に見立て、袖口に押し込んで接着する。

4

山高帽を作る。丸形をつぶしてコイン形を作り、しずく形の底を平らにして接着する。細長く伸ばしたひも形を縁に、てっぺんに丸形のボンボンを張り、男の子の頭に接着する。

5

プレゼントを作る。2色を混ぜてマーブル状にし、俵形を作る。ひも形を十文字にかけ、小さな丸形2個を張って飾る。男の子の両手に持たせて完成。

最後に土台の周囲をパイピングする

仕上げにグラスロワイヤルをコルネで少しずつ粒の大きさを変えて1周絞る。

主役にも脇役にも。
デコレーションには欠かせない存在

ケーキを華やかに飾ってくれる植物を作る

プティ・フールに花を1輪だけ飾ったり、
デコレーションケーキのポイントに使ったり。
花や野菜、フルーツはケーキに季節を与えてくれます。
かわいらしい動物や人間とは違い、植物は美しさが魅力。
花や葉は、端にいくほど薄く伸ばして透明感を出しましょう。
教えるのは、羽鳥武夫シェフ。
接着には、マジパンをガムシロップで伸ばした
マジパンピューレと卵白を併用します。

Marzipan Story

花を主役にケーキの上に庭づくり
ガーデニング

たくさんの花に囲まれた小さな庭。人がいなくなったすきにやってきた1匹の子リスが、バスケットに入ったフルーツを狙っています。ケーキのカバーリングには葉と同系色の緑のマジパンを使って全体をまとめ、バラとリンゴの深紅がアクセントに。奥に背の高い木を1本植えて、立体感を出しました。

色を重ねてリアルな質感を再現する
フルーツは仕上げの色づけがポイント

身近なフルーツ6種に挑戦。食用色素を筆で塗り、立体感を出します。リンゴは黄の上に赤と緑を重ねるなど、複数の色を重ねるとより本物らしくなります。

> ❖ **羽鳥シェフの細工用マジパンの配合**
> 細工用マジパン…1kg
> 粉糖…300〜400g
> ＊マジパンと粉糖の練り方は10ページを参照。
> ＊マジパンが固くなった場合は、ガムシロップ（水と砂糖同割）を加えて練り、ひび割れるのを防ぐ。

リンゴ

基本の丸形を使ってリンゴを作ります。食用色素を筆で塗り、リンゴらしい質感を出しましょう。

用意するマジパンの色
- 実…黄＋赤で着色
- 芯…ココアパウダー＋黄＋赤で着色

［その他の材料］　液体食用色素…赤、緑

1 美しい丸形になるように丸める。

2 下をややすぼめ、軽く台に押しつけて底を平らにする。

3 星形スティックで中心をくぼませる。反対側は小さめにくぼませる。

4 赤の食用色素を筆に少量取り、へたのまわりは残し、全体を色づける。むらがあるほうが自然に仕上がる。

5 緑の食用色素を筆の先につけ、へたのまわりを色づける。赤い部分にも境目を目立たなくするため緑を少しのせる。

6 へたを作る。手のひらの上で転がして細長いしずく形を作り、両端をとがらせる。

7 へたを軽く曲げて自然な感じを出し、卵白を塗ってくぼみに差し込む。

8 赤のマジパンを使っても同様にできる。その場合、色づけはしない。

バナナ

細長く伸ばし、ナイフ形スティックで角ばらせると、よりリアルになります。色づけは先の細い筆を使い、筋を入れる感覚で。

用意するマジパンの色
● 実、房…黄で着色

[その他の材料]
液体食用色素…茶

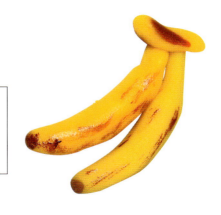

1

長く伸ばしたマジパンの両端を指で転がしてとがらせる。

2

中心を指で押してくぼませ、弓形にカーブさせる。

3

ナイフ形スティックを側面に押し当て、角張らせる。同様に1周させて、4、5か所に角をつける。

4

先が細い筆の先に食用色素を少量つけ、ぼかしながら縦の線をランダムに入れる。先の部分も色づける。

5

先を指先でつまんで転がしながら細くする。同様に実を2本作る。

6

房を作る。短い棒を作り、ぼかしながら茶でところどころに色づける。卵白で2本の実を接着する。

テクニック&ツール　基本の基本

大小さまざまな抜き型は植物作りに重宝する

葉や花びら作りには、何枚も同じパーツを揃える作業がつきものです。そんなときに活躍するのが、抜き型。葉ひとつとっても、丸い形や細長い形、縁がギザギザしたものなど、さまざまなタイプがあります。型抜きをするさいには、型に粉糖を刷毛で薄く塗ってから抜くと、マジパンが簡単にはずれます。

モモ

白とピンクを混ぜてマーブル色にしたマジパンで作ります。和菓子の雲平細工に用いる寒梅粉をまわりにつけ、ふんわりとした印象に仕上げます。

用意するマジパンの色
- 実…赤で着色
  白（無着色）
- 葉…緑＋黄＋ココアパウダーで着色

[その他の材料] 寒梅粉

1 53ページの**1**、**2**を参照し、ピンクと白のマーブルを作る。丸形に整え、先を指でつまみ、とがらせる。

2 縦中央にナイフ形スティックを当て、モモを持った手を動かして一直線に深めの筋を入れる。

3 寒梅粉を全体にまぶす。容器を台に軽く打ちつけて余分を落とす。

4 葉を作る。しずく形に整え、ビニールに挟んで指で伸ばす。縁はさらに透けるほど薄く伸ばす。

5 ビニールの上から、ナイフ形スティックで筋を入れて葉脈をつける。

6 葉の根元をぎゅっとつまみ、先は2本の指でやさしくつまんでとがらせる。

7 葉の根元に卵白を塗り、モモの底に張りつける。

オレンジ

用意するマジパンの色
- 実…赤＋黄で着色
- へた…黄＋緑＋ココアパウダーで着色

丸形に小さな穴を開けてオレンジを作ります。台に直接のせて作業すると、穴を開けるときに全体の形がゆがみやすいので、マジパンで作ったドーナツ形などの上にのせて固定し、作業するとよいでしょう。

1 へたを作る。同じ大きさの小さな丸形を2個作り、1個は骨形スティックを押し当てて薄くする。

2 ピンセットで先をつまむ。星形になるよう、5か所角を作り、へたの形にする。

3 実を作る。丸形を作り、軽く上から押して少し平たくする。へたの裏に卵白を塗って張りつけ、上から小さな丸形をのせる。

4 串形スティックをへたのまわりにさし、上半分に穴を開けて仕上げる。

キウイフルーツ

薄く伸ばした皮で実を包み込みます。グラサージュ・ショコラで種子を描くだけでぐっと本物らしい仕上がりに。

用意するマジパンの色
- 皮…黄＋ココアパウダーで着色
- 実…緑＋黄で着色
- ○ 芯…白（無着色）

［その他の材料］　種子…グラサージュ・ショコラ（63ページ参照）

1

皮用のマジパンを麺棒で均一な厚さに薄く伸ばす。

2

丸く整えた実を皮で包み込む。

3

余分はナイフでカットし、丸めて切ったところを目立たなくする。

4

ゆがみのないきれいな楕円形になるまで丸める。

5

ナイフを転がすようにして皮に筋を入れ、押しつぶさないように注意しながら2つに切り分ける。

6

皮が実からはがれないように手で押さえてしっかりと密着させる。

7

芯を作る。小さな丸形を押しつぶして薄くし、卵白を塗って中心に張りつける。

8

グラサージュ・ショコラをコルネに詰めて先をできるだけ細く切り、芯のまわりにドット状に種子を絞る。

ブドウ

芯を作り、まわりに小さな実をひと粒ずつ張っていきます。実の数は多すぎず、控えめぐらいが上品に仕上げるポイントです。

用意するマジパンの色
- 芯、枝…ココアパウダーで着色
- 実…赤＋青で着色
- 葉…緑＋黄＋ココアパウダーで着色

1

芯を作る。細長く伸ばしたマジパンでT字形を作る。長いほうは軽くカーブさせる。

2

芯全体に卵白を塗り、丸形の実を上から張る。先に向かうにつれ徐々に細くなるように、実の数を減らす。

3

細く伸ばしたマジパンで枝を作り、卵白を塗って芯の根元に張りつける。芯に枝を押しつけて少しカーブさせる。

4

葉を作る。麺棒で薄く伸ばしたマジパンを葉型で抜く。

5

葉に卵白を塗り、芯と枝のつなぎ目が隠れるように接着する。形の違う2種の葉をつけて仕上げる。

フルーツバスケット

フルーツを彩り豊かにバスケットに盛りつけましょう。バスケットは細長いひも2本をねじって作ります。ひもの太さにむらがあると、かごに隙間ができるので注意。定規を使ってかんたんにひも形が作れる技も紹介します。

用意するマジパンの色
- バスケット…ココアパウダー＋赤＋黄で着色

2本のひもを巻きつけてバスケットを作る

1

まんじゅう形にしたマジパンにラップをかけて、バスケットの型を作る。

2

棒状にしたマジパンを台の上で転がして細長く伸ばす。

3
ある程度伸びたら清潔な定規を当てて転がし、均一な太さにする。同じひもを2本作る。

4
2本のひもの端を合わせてねじる。

5
2本をやさしく転がし、幅が均一になるように端までねじる。

6
型のまわりにひもをぐるりと1周させる。

7
らせん状にぐるぐる巻きつける。1周するごとに細い筆で卵白を塗り、接着すること。

8
隙間なく重ねてバスケット形になったら、余分をナイフで切り取る。

9
中心を指で押して、切り口を押し込む。全体をしっかりと押しつけて密着させる。

10

2〜5と同様にして2本のひもをねじり、かごの幅に合わせてアーチ形の取っ手を作る。完全に乾かす。

バスケットいっぱいにフルーツを盛る

1
バスケットを型から抜き、同じ色のマジパンを底に敷いて底上げする。

2
フルーツを盛る。マジパンのかけらを底に敷いて高さを変えると、あふれる感じが出せる。

3
取っ手をバスケットに接着する。細い筆でバスケットのほうに卵白を塗り、ぴったりとくっつける。

本物をよく観察して、わざとデコボコに
野菜は形でメリハリをつける

野菜は神経質に作り込みすぎないほうが、素朴でかわいく見えます。丸く整えるところは美しく、ゆがませるところは大胆に。メリハリをつけて仕上げましょう。

トマト

丸く形を整えてからラップに包み、上からスティックをさしてへたのくぼみを作ります。ラップのしわの跡がつき、ぐっと本物に近づきます。

用意するマジパンの色
- 実…赤で着色
- へた…緑＋ココアパウダーで着色

1 美しい丸形を作り、星形スティックをさしてへたの部分をくぼませる。

2 ラップで全体を包み、くぼみに再び星形スティックをさし、ラップのしわをトマトにつける。

3 へたを作る。手のひらの上で転がし、細い棒状にして両端をとがらせる。3本用意する。

4 3本を重ね合わせ、ナイフ形スティックの先で中央をぐっと押してくぼませながら接着する。

5 くぼみに卵白を塗り、へたを接着する。へたと同じ色で細長い棒形を作り、へたのくぼみに差し込む。

ジャガイモ

表面を指で押していびつな形に。むらができるように色づけて、デコボコ感を出します。

用意するマジパンの色
- ジャガイモ…黄＋ココアパウダーで着色

[その他の材料] 液体食用色素…茶

1 楕円形に丸め、指で軽く押して全体をデコボコした感じにする。

2 円錐形スティックでランダムに穴を開ける。

3 食用色素を細い筆につけ、むらができるように全体を色づける。

大根

横の筋は長さを変えて、ランダムに入れると自然な仕上がりに。葉はひだを寄せて差し込みます。

用意するマジパンの色
- ○ 大根…白（無着色）
- ● 葉…緑＋ココアパウダーで着色

［その他の材料］　液体食用色素…緑

1 白い部分は長細いしずく形を作り、自然な感じが出るようにやや形をいびつにする。ナイフ形スティックで横に筋を入れる。

2 ノコギリ形スティックを上からさして横長の穴を開ける。

3 葉を作る。棒形をビニールに挟み、指で伸ばす。縁はさらに薄くなるように伸ばす。

4 細かくひだを寄せ、余分をナイフで切り取る。

5 くぼみに卵白を塗って葉を差し込む。食用色素を筆で大根の上部に塗って仕上げる。

ニンジン

細長いしずく形を作り、大根より先をとがらせる。葉は細かく切り込みを入れ、ふさふさした感じを出します。

用意するマジパンの色
- ● ニンジン…黄＋赤で着色
- ● 葉…緑＋ココアパウダーで着色

1 葉を作る。丸形をビニールで挟み、指で伸ばす。端はさらに薄くなるように伸ばす。

2 ナイフで細かい切り込みを入れ、余分を切る。端からロール状に丸める。

3 オレンジで細長いしずく形を作り、ややいびつにする。ナイフ形スティックで横に筋を入れ、星形スティックで穴を開ける。

4 穴に卵白を塗り、葉を丸めて差し込む。葉の先にウェーブをつけて動きを出す。

カボチャ

ひも形をくるくるとスティックの先に巻き、らせん状のつるに。はわせるように実につけるとアクセントになります。

用意するマジパンの色
- 🟠 実…黄＋赤で着色
- 🟢 葉、茎…緑＋ココアパウダーで着色

1

実を作る。丸形に星形スティックで穴を開け、ナイフ形スティックで縦にラインを入れる。

2
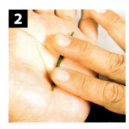
つるを作る。細いひも形を作り、両端をとがらせる。

3

串形スティックにらせん状に巻きつけ、形が崩れない程度に固める。

4
丸形をビニールに挟んで指で薄く伸ばし、葉型で抜く。

5

穴に卵白を塗り、葉とつるを接着する。葉と同じ色で細いしずく形を作り、太いほうを穴にさす。

ネギ

緑色の部分と白い部分は別々に作ってから合体させます。白い部分は2本の棒形をつなげて1本にし、少し曲がった感じにします。

用意するマジパンの色
- ⚪ ネギ…白（無着色）
- 🟢 葉…緑＋ココアパウダーで着色

［その他の材料］　液体食用色素…茶

1

細い棒形を作り、中央で切って2本にする。根元を張り合わせ、上面に串形スティックをさして穴を開ける。

2

白のマジパンで棒形を作って1/3のところで切り、短いほうに卵白を塗って**1**を接着する。

3

接着面を指で挟んで転がし、表面をなめらかにして葉の形を整える。

4

2の長いほうを張り合わせ、指で転がして接着面をなくす。

5

細い筆の先に食用色素をつけ、根元から上に向かって縦に色をつける。

薄さで花びらと葉っぱの柔らかさを出す
花と葉は最大限に薄く伸ばす

ポイントは、なんといっても花びらと葉の薄さです。ビニールやセロハンにマジパンを挟んで上から指で押し、端にいくほど薄くなるように伸ばします。接着の仕方や花びらの形に変化をつければ、バリエーションは無限に拡がります。

とんがり花とまんまる花

2色のマジパンを混ぜてマーブル模様の葉と花を作ります。2色のマジパンは均一の固さに練ってから混ぜること。固さにむらがあると、美しく伸ばせません。

用意するマジパンの色
- 葉…緑＋黄で着色
   緑＋黄＋ココアパウダーで着色
- とんがり花…赤＋青で着色
- とんがり花…黄＋赤で着色
- まんまる花…黄＋赤で着色
   赤で着色
   白（無着色）
- 植木鉢…ココアパウダー＋赤で着色
- めしべ…黄で着色
- 土…ココアパウダーで着色

2色を軽く混ぜてマーブル模様の葉を作る

1 色調の違う2色の緑をそれぞれ練って固さを均一にし、俵形に整える。

2 2色を合わせ、マーブル模様になるように2、3度練る。練りすぎると模様が消えてしまうので注意。

3 丸形にし、マーブル模様の出方を確認する。

4 麺棒で薄く伸ばし、マーブル模様が美しいところを選んで葉型で抜く。

5 ビニールに挟み、縁がごく薄くなるように指で伸ばす。

6 ナイフ形スティックでビニールの上から縦に葉脈のラインを入れる。

7 ビニールからはがし、両端をつまんで形を整える。

葉と同じ要領でとんがり花を作る

1 花びらを作る。しずく形をビニールに挟み、縁がごく薄くなるように指で伸ばす。1輪につき5枚用意する。

2 ナイフ形スティックでビニールの上から中央に縦の筋を1本入れる。

3 ビニールからはがして先をとがらせ、根元をつまんで形を整える。

4 台の上に花びらを花の形になるように並べ、ナイフ形スティックで中央を押して接着する。

5 筆で花びらの中央に卵白を塗り、星形スティックに中心をぐっと押し込んで全体に丸みをつける。

丸型で抜いてまんまる花を作る

1 黄、ピンク、白のマジパンをそれぞれ練って固さを均一にし、3色を合わせて2、3度練り、マーブル模様の丸形を作る。

2 麺棒でごく薄く伸ばし、マーブル模様が美しい部分を選んで小さな丸型で抜く。

3 ビニールに挟み、指で縁が透けるほど薄く伸ばす。1輪につき5枚用意する。

4 花びらの1か所をつまんでとがらせ、とがった部分を中央に集めて花の形にする。根元をつまんでしっかりと接着する。

帯を巻いて植木鉢を作る

1 底の部分は、丸めたマジパンを押しつぶし、コイン形にする。

2 同じ色を麺棒で薄く伸ばし、幅の広い帯とその半分以下の幅の帯にナイフでカットする。

3 筆で底の側面に卵白を塗り、幅の広い帯を巻く。余分をハサミで切り、接着面をなでて目立たなくする。

4 上部に卵白を塗り、幅の狭い帯を巻く。つなぎ目の位置を**3**と揃え、ハサミで余分を切って接着面を目立たなくする。

土を入れて花を植木鉢に植える

1 土用に丸形を作って鉢に詰め、中央に円錐形スティックで穴を開ける。

2 穴に卵白を塗り、花を差し込む。

3 花の隙間に卵白を塗り、葉を4か所に差し込む。

4 めしべを作る。マジパンを網に少量ずつ押しつけて漉し、ふわふわの状態にする。

5 ピンセットでつまみ、花の真ん中に卵白を塗ってのせる。

あじさい

小さな花をたくさん作り、土台に張りつけて仕上げます。2段重ねにして立体感を出した土台の底には葉と同じ緑のマジパンを重ね、花と植木の隙間から土台の色が見えないようにするのがポイントです。

用意するマジパンの色
- ○ 土台…白（無着色）
- ● 花…赤＋青で着色
- ● 葉…緑＋黄で着色
- ● 植木鉢…ココアパウダー＋赤で着色
- ● めしべ…黄で着色

1

土台を作る。コイン形を作り、その上に卵白を塗って円錐形を重ねる。底に葉と同じ緑のマジパンを薄く伸ばして張り、乾かす。

2

花びらを作る。麺棒でできるだけ薄く伸ばしたマジパンをあじさいの花型で抜く。

3

手のひらにのせ、骨形スティックで中心をくぼませ、丸みをつける。

4

円錐形スティックで花びらの中心をくぼませる。

5

土台に卵白を塗り、花びらを張る。下段は横向き、上段は上向きになるように隙間なく張る。土台は小さな台の上にのせると作業しやすい。

6

葉を作る。マジパンを麺棒で薄く伸ばし、縁がギザギザの葉型で抜く。ビニールに挟み、ナイフ形スティックで葉脈をつける。

7

55ページ「帯を巻いて植木鉢を作る」を参照して植木鉢を作り、葉に卵白を塗り、3枚を差し込む。

8

花を上にのせ、網に押しつけて漉しためしべ用のマジパンを花びらの中心に卵白を塗って接着する。

バラ

1枚目の花びらはくるくると筒状に丸め、まわりに12枚の花びらを接着します。花びらは3枚、4枚、5枚と1周ごとに数を増やして徐々に大きく作り、全体に外へ開かせます。葉は3色のマーブル模様で作って上品に仕上げます。

用意するマジパンの色
- 花…赤＋緑で着色
- 葉…緑＋黄で着色
  黄＋赤で着色
  ココアパウダー＋黄で着色

芯に花びらをつけてバラにする

1 しずく形をビニールに挟んで押しつぶし、上半分は縁が薄くなるように指で伸ばす。

2 ビニールからはがし、端からくるりと筒状に巻いて芯を作る。

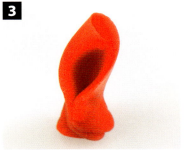

3 根元をつまみ、底を押しつけて平らにし、立たせる。

4 芯よりひとまわり小さな細長いしずく形を3枚作る。ビニールに挟み、根元は厚く、上半分の縁は薄くなるように指で伸ばす。

5 芯の根元に筆で卵白を塗り、花びらを1枚ずつ接着して囲む。

6 大きめのしずく形をビニールに挟み、同じ要領で花びらを作る。ビニールの上からナイフ形スティックで筋を入れる。

7 花びらの根元をぎゅっとつまみ、先は中央を指で軽くつまんでとがらせる。

8 芯に3枚の花びらを接着したら、以降すべて筋入りの花びらを使用する。

9 2周目は4枚、3周目は5枚の花びらで囲む。端は外に向ける。

マーブルの葉で花を包む

1 緑、茶、黄のマジパンをそれぞれ練って固さを揃え、3色を合わせて2、3度練り、マーブル模様の丸形を作る。模様が美しい部分を選び、葉1枚分のしずく形を作る。

2 ビニールに挟み、根元は厚く、上半分は薄くなるように指で伸ばす。ビニールの上からナイフ形スティックで筋を入れる。

3 葉の先をつまんでとがらせる。外側の根元に卵白を塗り、葉をバランスよく3、4枚接着する。

4 底の余分をナイフでまっすぐ切り取る。

カーネーション

細長いひも形を麺棒で薄く伸ばし、ひだを寄せて花びらを作ります。マーブル模様や、2色の帯で作れば、さらに華やかになります。

用意するマジパンの色
- マーブルの花びら…赤＋黄で着色　白（無着色）
- ガク…緑＋黄で着色　緑＋黄＋茶で着色
- 2色の花びら…赤で着色　白（無着色）

ひだを寄せてマーブル模様の花びらを作る

1 ピンクと白のマジパンをそれぞれ練って固さを均一にする。2色を合わせて2、3度練り、マーブル模様にする。細長いひも形を作る。

2 ビニールに挟み、麺棒を転がして薄く伸ばす。

3 片端を指で透けるほど薄く伸ばす。

4
薄く伸ばした部分をさらにパレットで押し伸ばし、端をギザギザにする。パレットをマジパンの下にすべらせ、ビニールからはがす。

5
厚いほうを根元にして持ち、端から細かくひだを寄せる。

6
ひだを寄せながら根元をつまんで丸くし、端は軽く外へ開かせる。

7
根元の余分をナイフでまっすぐに切り取る。

8
ガクを作る。2色の緑でマーブル模様を作り、麺棒で薄く伸ばして花型で抜く。

9
筆でガクに卵白を塗り、花の根元を包み込んでぴたりと張りつける。

2色の帯を重ねて花びらを作る

1
ピンクと白でそれぞれ細長いひも形を作り、ビニールに挟んで麺棒で同じ厚さになるように平たく伸ばす。

2
2色の端をぴったりと合わせてビニールに挟み、麺棒で薄く伸ばす。

3
上のビニールをはずし、ナイフで白いマジパンの端を切る。白は少ないほうが上品に仕上がる。

4
再度ビニールをかぶせ、色の境目にパレットを当ててマジパンを伸ばし、端を薄く、ギザギザにする。

5
マーブル模様のカーネーションと同様にひだを寄せて丸く形を整える。

ポインセチア

真っ赤な葉は大中小のサイズを作り、葉先をカーブさせながら接着します。下の葉ほど大きくそらせ、上の葉は少し上向きにします。

用意するマジパンの色
- 緑の葉…緑＋黄＋ココアパウダーで着色
- 赤の葉…赤＋緑で着色
- 植木鉢…ココアパウダー＋赤で着色
- めしべ…黄で着色

1

赤の葉を作る。しずく形を作ってビニールに挟み、指で端が薄くなるように伸ばす。ビニールの上からナイフ形スティックで葉脈を入れる。

2

ビニールからはがし、根元をつまんで先をとがらせる。緑の葉は大きいサイズだけを同様にして作る。

3

55ページ「帯を巻いて植木鉢を作る」を参照して植木鉢を作る。緑の葉3枚の根元に卵白を塗り、外側へ大きくそらせて接着する。中心に卵白を塗り、赤の葉を3枚差し込む。

4

赤の葉を互い違いに重ねて接着する。上にいくほど小さな葉を張り、1枚張るごとにナイフ形スティックで中心を押して密着させる。

5

マジパンを網に押しつけて漉し、めしべ用のマジパンを作る。花びらの中心に卵白を塗り、ピンセットで少量取って接着する。

青々とした木

木の幹は作ったあとに全体にまんべんなく粉糖をまぶしておくと、乾いたとき強度が増します。葉は下の枝から上に向かって接着します。

用意するマジパンの色
- 木…ココアパウダー＋黄で着色
- 葉…緑＋黄
  　緑＋黄＋ココアパウダーで着色

木の幹にしずく形の枝をつける

1

俵形を作り、手で転がして先を細くし、細長い円錐形を作る。

2

太い部分を平らにし、ナイフで十字に切り込みを入れる。

3

切り込みを外へ軽く開き、木の根を作る。先はとがらせ、まっすぐ立つように底を平らにする。

4

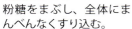

粉糖をまぶし、全体にまんべんなくすり込む。

5

6

木の枝用に、長めのしずく形を15本ほど作る。

紙を丸めて幹と同じ大きさのコルネを作り、木にすっぽりとかぶせ、傾かないようにして乾かす。

7

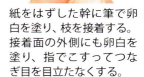

紙をはずした幹に筆で卵白を塗り、枝を接着する。接着面の外側にも卵白を塗り、指でこすってつなぎ目を目立たなくする。

8

上から下へ向かって互い違いになるように枝を張りつける。接着後、枝の先をやや上向きに曲げる。

葉を枝にひっかけて仕上げる

1

色調の違う2色の緑のマジパンをそれぞれ練って固さを均一にする。2色を合わせて2、3度練り、マーブル模様の丸形を作る。麺棒でできるだけ薄く伸ばし、細長い葉型で抜く。

2

ナイフ形スティックで葉脈をつける。

3

麺棒などに並べてカーブをつけ、半分ほど乾かす。

4

枝に卵白を塗り、1本の枝に2、3枚の葉を引っかけるように接着する。接着面を上から押して密着させる。

花だん

レンガを積んで花だんを作り、できた花を植え込みます。レンガはマジパンが固いほうがまっすぐに切りやすいので、マジパンを伸ばしたら1日ほど乾燥させてから作業しましょう。

用意するマジパンの色
- 底のプレート…黄+赤で着色
- レンガ…ココアパウダー+赤で着色
- レンガ…ココアパウダー+黄で着色
- レンガ…ココアパウダー+赤+黄で着色
- レンガ…赤+ココアパウダーで着色
- 上げ底…緑+黄+ココアパウダーで着色

[その他の材料]
マジパンピューレ(63ページ参照)…白(無着色)

マジパンピューレを絞りながらレンガを積んで花だんにする

1

底を作る。麺棒で薄く伸ばしたマジパンを大きさの違うセルクル型で抜き、幅3cmほどの輪を作る。ナイフで4等分し、乾燥させる。

2

レンガを作る。薄く伸ばして約1日乾かし、ナイフで長方形に切る。

3

色を混ぜる比率を変えて色調の違うマジパンを用意し、それぞれレンガの形に切る。

4

マジパンピューレをOPPシートで作ったコルネに入れ、花だんの底の縁に沿って絞る。

5

同じ色が重ならないようにレンガを並べ、接着する。

6

レンガとレンガの間の溝にマジパンピューレを絞る。底の縁にレンガを張って1周させる。角はレンガを細く切って張り、はみ出さないように調整する。

7

レンガの上にマジパンピューレを絞り、蓋をするようにレンガを接着する。6と同様、溝にマジパンピューレを絞って埋める。

8

両端にも約2枚ずつを接着する。

花だんに大小の花を植え込む

1

葉と同じ色のマジパンをひも形にし、花だんの底に詰めて底上げする。

2

上げ底の部分に筆で卵白を塗り、53～54ページの花を大きなサイズから接着する。花は全体にカーブのふくらんでいるほうを向くように。

3

バランスを見ながら小さな花を接着する。花を作り足し、柔らかいうちにいくつかを差し込むと動きが出て立体的になる。

4

隙間を53ページの葉で埋め、花だんの底が見えないようにして仕上げる。

テクニック＆ツール　基本の基本

マジパンに細かい模様を描きたいときは「パイピング」で

　マジパンでは入れられない細かい模様や文字を描きたいときには、「パイピング」の技術を使います。黒い模様を描くときはグラサージュ・ショコラ、白い模様を描くときはグラス・ロワイヤルをそれぞれコルネに詰め、先を適当な細さに切って絞ります。グラサージュ・ショコラは市販のものを使い、グラス・ロワイヤルは卵白に粉糖を加えて絞れる固さにすり混ぜ、レモン汁を1、2滴加えて作ります。

　この2種以外に、マジパンピューレも同様にパイピングできます。マジパンピューレは、マジパンにガムシロップを加えて絞れる固さに混ぜたもので、粘着力があり、飾りだけでなく接着剤にも利用できます。色づけたマジパンを使えば、好きな色のピューレを絞ることができます。

マジパンピューレの作り方

1

マジパンに、ガムシロップ（アイスコーヒー用）を少しずつ加える。

2

しっかりと練り混ぜ、絞れる固さにする。コルネに入れて使用する。

ガーデンベンチ

鉢植えの花を飾るベンチです。茶と黄のシート形を重ねてロールにし、木目模様を作ります。美しく模様を出すためには、濃淡の差の大きい2色を選んでマジパンの固さ、伸ばす厚さを揃えることがポイントです。

用意するマジパンの色
- ● 木目…ココアパウダー＋黄で着色
- ● 木目…黄＋ココアパウダーで着色

［その他の材料］
マジパンピューレ（63ページ参照）
　…白（無着色）

2色のシート形を丸めて木目を作る

1 2色のマジパンを同じ固さになるように手でよく練ってから、麺棒で同じ薄さ（約2mm）に伸ばす。

2 茶に黄を重ね、ナイフで7×20cmの長方形に切る。

3 長い辺の片側にナイフを浅く入れ、黄のマジパンだけを5mm切る。茶の部分は切り取らないように。

4 縁を切ったほうを手前へ向け、奥へ向かって折り込む。

5 そのままくるくると転がして棒形にする。間に空気が入らないようにぴったりと巻くこと。

6 ナイフで約1cm幅の等間隔に切り分ける。

7 うずまき模様を上にして縦4列にして台の上に並べ、隙間ができないようにぴったりと密着させる。

はがれないよう注意しながら、麺棒で厚めに伸ばす。

模様が縦長になるようときどき手で両端を押して密着させ、さらに麺棒で伸ばす。

3mmほどの薄さになったらナイフで長さを半分に切り、左右の辺を張り合わせて密着させる。

さらに麺棒を前後に転がし、長方形の板状になるまで伸ばす。途中両端を内側に向かってぎゅっと押し、模様を縦長にする。

10〜11の作業を木目状になるまで繰り返す。薄さ2mmほどの板状になったら、台に張りつかないよう裏に粉糖をつけ、乾燥させる。

11枚のパーツに切り分け、ベンチを組み立てる

パーツは合計11枚。中央の3枚は7×3.5cmの天板。上段の残り4枚は脚用に3.5×1.5cm、下段は脚用に7×1cmと7×2cmを各2枚用意する。模様の向きはすべて揃える。

下段を作る。7×2cmの板の端にマジパンピューレを絞る。

天板2枚を間をあけて縦に並べ、2を張りつけ、脚を作る。左右に1枚ずつ張る。

脚の内側にマジパンピューレを絞り、7×1cmの板を天板にくっつけて張り、補強する。

上段を作る。3.5×1.5cmの板を2枚ずつ重ね、端にマジパンピューレを絞り、天板に張る。

3つのベンチを立たせる。上段の脚の裏にマジパンピューレを絞り、下段の上に密着させ、完全に乾かす。

秘密の花園に住むのは子リス
ケーキに花と木を植えてフルーツを飾る

　ここまでで作った花やフルーツなどを飾って、デコレーションケーキを作ってみましょう。土台に飾る順番は、デコレーションの主役になるものから。バラと花だんの位置を決めて、バランスを見ながらほかのパーツを飾ります。

用意するマジパンの色
- 子リス（左）、どんぐりの笠
　…ココアパウダー＋黄で着色
- ○ 白目…白（無着色）
- マフラー…赤＋緑で着色
- 子リス（右）、どんぐりの実、太いひも
　…ココアパウダーで着色
- 細いひも…ココアパウダー＋赤＋黄で着色
- 細いひも…赤＋黄で着色
- 土台中央のプレート…黄＋赤で着色

［その他の材料］
グラサージュ・ショコラ（63ページ参照）

しずく形をメインに子リスを作る

1 大きなしずく形で胴体、小さなしずく形2個で後ろ足を作る。卵白を塗って胴体に足を張る。

2 棒形で前足を作り、中心を細くしながら両端を丸くする。

3 前足に卵白を塗り、胴体にまわしかけて接着する。しずく形の尻尾を作って胴体に接着する。

4 先の丸いしずく形で顔を作り、小さな丸形に卵白を塗って鼻をつける。骨形スティックで目の部分をくぼませる。

5 耳を作る。しずく形を作り、船形スティックを丸い部分に押し当てて筋をつける。卵白を塗って頭に接着する。

6 マフラーを作る。細長いひも形に伸ばして輪にし、先を4、5回ねじる。首の部分に接着する。

7 胴体に卵白を塗り、頭を張る。小さな丸形をつぶしてコイン形の白目を作り、くぼみに張る。コルネにグラサージュ・ショコラを詰め、パイピングで黒目を寄り目になるよう絞る。

木から落ちたどんぐりを作る

1 やや長めのしずく形を作り、ナイフで横半分に切る。先がとがったほうを使用する。

2 丸形をナイフで半分にし、卵白を塗って実に張る。境目を指でなでて密着させ、上面を指で押して平らにする。小さな俵形を作り、笠の上に張る。

ひもとプレートで土台を飾る

1 土台のまわりにリボンをまわし、長さを計る。直径1cm強の太めのひも形をリボンと同じ長さに伸ばす。ある程度伸びたら長い板を当てて転がし、太さを均一にする。

2 31ページでカバーリングした緑色の土台の側面に巻いてクリンパで模様を入れる。

3 色の違う細いひもを2本用意し、太いひもの上に巻く。上にいくほどひもの幅は細くする。

4 薄く伸ばしたマジパンをセルクル型で抜いてプレートを作り、乾いたら土台の中央に張る。側面の一番上と同じひもを作ってまわりに張る。

手前から奥へと盛り込んでいく

1 正面にバラがくるよう、卵白を塗ってプレートの縁に3輪接着する。左右対称に花だんを接着し、中央にガーデンベンチを置く。まわりにグラサージュ・ショコラでパイピングする。

2 ガーデンベンチの手前にとんがり花、まんまる花の鉢をのせる。背の高いあじさいは、奥にのせる。

3 木を奥に接着し、下にどんぐりを転がす。ベンチの上にフルーツバスケットをのせ、子リスを木陰に立たせて接着する。

左からの図
子リスはフルーツを狙っているようにバスケットに向かせる。

いちばん難しいが、いちばん楽しい。
マジパンらしい物語性が無限に拡がる

表情と動きに富んだ人間を作る

人が見せるさまざまな表情や動作には、ドラマがあります。
人間を自在に作れるようになれば、
マジパンで表現できるストーリー性は無限大に拡がっていくでしょう。
まずは基本となる顔の表情や手足の作り方を覚えましょう。
そこから先は観察と練習あるのみ。
イメージを実際に紙にデッサンしてみるのも有効です。
教えてくれるのは、岡部敬介シェフ。
ここでの接着は、卵白とグランマルニエを使い分けます。

キャラクターを決めるのは「表情」
そら豆形からスマイルへ。
顔作りの基本を覚えよう

　作品のイメージを決める、まさに作品の「顔」。人間作りの醍醐味は、顔にあります。にっこりと微笑んだ赤ちゃんの顔から、顔作りの基本を学びましょう。
　顔の輪郭はそら豆形、鼻はつまみ出して表情豊かに仕上げます。顔は小さなしわひとつで表情がまったく変わる繊細なパーツだけに、表面の美しさが特に求められます。ゴミやほこりがついていたら、カッターで取り除いてなめらかな肌を目指しましょう。

❖ 岡部さんの細工用マジパンの配合
細工用マジパン…1kg
粉糖…150〜200g
＊マジパンと粉糖の練り方は10ページを参照。
＊接着には卵白とグランマルニエ（作り方では「酒」とだけ表記）を併用。

そら豆形の頭から鼻をつまみ出す

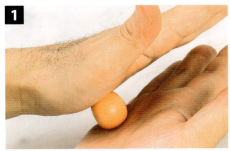

1 ゆがみやしわがないよう美しい丸形を作る。

2 中心より少しずらしたところをくぼませ、そら豆形にする。ふくらみが大きいほうが額になる。

3 額の下を親指で挟んで押し出し、鼻をつまみ出す。

4 指でつまんで形を整える。鼻は低く、先を少し上向きにすると赤ちゃんらしさが出せる。

へら形スティックをさして口を開ける

1

へら形スティックを左右から真ん中へ向かって差し込み、笑った口のラインを入れる。

2

串形スティックで口の下に唇のラインを描く。

3

口角に串形スティックを差し込み、内側からほおを軽く押し広げてふくらませる。

4

ほおを持ち上げるようにへら形スティックを押し当てる。

5

へら形スティックを口に差し込み、上下に動かして口を軽く開かせる。

6

指先で押してほおの丸みを出し、輪郭を整える。

針金スティックを押しつけて目を描き、二重まぶたに

1

針金スティックを押し当てて目のラインを入れる。目のすぐ上にも軽く当て、二重まぶたにする。

2

カッターで目尻に上まつげを2本ずつ入れる。

細かい作業には、工芸用の細工スティックが役に立つ

　人間の身体の中でも、顔は特に細かい作業が必要になります。そこでおすすめなのが、工芸用の細工スティック。串形、へら形はマジパンスティックと同じ形ですが、どちらも先がとがっているので細かい作業に適しています。先がごく小さなクリップほどの太さの針金スティックは、おもに目を作るのに用います。なお、岡部シェフは、土台以外のすべての作業に工芸用の細工スティックを使用しています。
＊針金スティックは米国製。株式会社アイ・ビィ・ビィが輸入販売しています。＜HPアドレス　http://www.ibb.co.jp/　＞
＊その他スティックは大型雑貨店などで取り扱っています。

本書では、形に合わせて次のように呼びます。

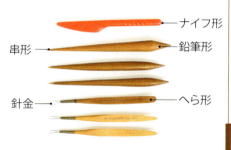

用意するマジパンの色
- 肌…黄+赤で着色
- 眉毛、髪…赤+青+黄+黒で着色

[その他の材料] 粉末食用色素…赤

酒で耳と眉毛を張りつける

1

小さな丸形を作り、指で半分だけ押しつぶす。

2

耳に酒を塗り、目尻よりやや下に耳の中心が来るよう薄いほうを前にして頭に張る。

3

鉛筆形スティックを耳のつけ根にさし、耳の穴を作る。

4

針金スティックで耳の形に沿ってラインを入れる。

5

串形スティックでこすり、耳の接着面を目立たなくする。

6

眉毛用に小さな丸形を作り、板の上で転がしてごく細く伸ばす。

7

カッターで2等分し、そのまま眉毛を刃先にのせる。

8

酒を塗り、目から離れたところに張る。眉間を広くすると赤ちゃんらしくなる。

ハサミで細かい切れ目を入れた髪の毛をつける

1 丸形を作り、OPPシートをかぶせて上から指の腹で丸く、薄く伸ばす。

2 まわりにハサミで細かく切れ目を入れる。分け目の位置を決め、左右からハサミを入れるとよい。

3 頭にかぶせて大きさを確認する。

4 一部を指でつまみ、頭の大きさに合わせてサイズを調節する。

5 細い筆で全面にまんべんなく卵白を塗る。

6 頭に押しつけて接着する。余分は見えにくい後ろに集めること。

7 余分をハサミで切り、指でなでて切り口を目立たなくする。

ほおをほんのり色づける

ごく少量の赤の食用色素をアルコールで溶き、ほおに筆で塗る。濃すぎたときは、上からアルコールを塗ってにじませる。

Marzipan Story

赤ちゃんはほおと身体をふっくらと

仲良くしようね

生まれたばかりの赤ちゃん。シーツの上で無邪気に犬とたわむれています。犬は尻尾を握られて少し痛いけれど、はじめてできた弟がかわいくて仕方ありません。赤ちゃんの顔はおでこを広く。身体もぽっちゃりさせて全体を丸い印象に仕上げました。淡い色に染めたシーツが、主人公たちをいっそう引き立てます。

にこにこ顔の赤ちゃん

　裸はつなぎ目を残したくないので、身体は右腕以外をひとつのかたまりから引っぱり出します。全体にむっちりとさせ、三頭身になるように頭を大きく作れば、赤ちゃんらしい体型になります。

用意するマジパンの色
- 肌…黄＋赤で着色
- 眉毛、髪…赤＋青＋黄＋黒で着色

［その他の材料］　粉末食用色素…赤

俵形から手足を引っぱり出す

1 太めの俵形に整え、真ん中をややくぼませる。

2 指でしごいて左腕を引っぱり出す。

3 腕の先端を押し広げて手のひらを作り、親指をつまみ出す。

4 カッターで手の先に3本切れ目を入れ、指を作る。

5 指のつけ根に横の筋を入れ、手相のしわを入れる。ひじの関節を曲げ、腕の肉をふっくらさせる。

6 腕と同様に両足を太めに引っぱり出す。腹を少しふくらませ、胸をやや張り出させて胴体の形を整える。

膝の裏にカッターで軽く跡をつけて足を曲げ、脇と股に筋を入れる。膝の後ろの肉を軽くたるませる。

足の端を押し広げ、足首から下を作る。足先は伸ばさず、足首を曲げる。

足の端にカッターで4本切れ目を入れ、指を作る。足の裏の指のつけ根に横の筋を入れる。

へそに串形スティックで穴を開けて酒を塗り、しずく形の粒を差し込んで押し込む。

股間に穴を開け、しずく形をつぶして平らにしたものを、酒を塗って差し込む。上から小さなしずく形の粒を張る。

胴の穴に右腕を差し込んで接着する

右肩に鉛筆形スティックをさして穴を開ける。

マジパンを左腕と同じ大きさの棒形にする。

左ページを参照し、左手と同様に右手を作る。指は軽く開く。

腕のつけ根を肩に開けた穴の形に合うようにとがらせる。

肩の穴に卵白を塗り、腕の先を差し込んで接着する。

合わせ目を串形スティックでこすって目立たなくする。

頭を上向きにつけて仕上げる

1 69〜72ページを参照して頭を作り、身体に接着したとき、頭が上向きになる角度に、うなじをハサミで切る。

2 赤ちゃんの肩の部分を犬の腹にのせ、卵白を塗って頭を接着する。

3 串形スティックを赤ちゃんの左手に握らせて形を決め、スティックを抜いて犬の尻尾を握らせる。

4 ほおにアルコールで溶いた食用色素を筆で塗って赤く色づける。

舌を出して微笑む犬

顔の作り方は人間とほぼ同じ。丸い鼻は丸形を作り、先をとがらせて差し込みます。目、鼻、眉毛は同じ色のマジパンを使って統一感を。後ろ足は赤ちゃんの身体で隠れるので、ももにふくらみをつけるだけです。

用意するマジパンの色
- 身体、頭…黄＋赤＋青で着色
- 白目…白（無着色）
- 眉毛、鼻、黒目…赤＋青＋黄＋黒で着色
- 舌…赤＋黄で着色

1 69ページを参照して頭を作る。鼻はつまみ出さなくてよい。78ページを参照して目を作る。鼻の穴は鉛筆形スティックで、口はへら形スティックで入れる。

2 71ページを参照して太めの眉毛を作って張る。鼻の穴の下に串形スティックで筋を1本入れ、まわりに毛穴を開け、酒を塗ってしずく形の鼻をさす。以下接着には酒を使用。

3 舌を作る。小さな楕円形に伸ばしたマジパンを口の中に差し込んで接着し、真ん中を押さえてしっかりと固定する。

4

身体用のマジパンを俵形に整え、後ろ足のつけ根部分を盛り上げる。

5

前足を引っぱり出し、赤ちゃんの頭をのせる腹の部分を指で押してくぼませる。

6

前足のひじを内側に曲げ、へら形スティックで指の筋を3本つける。

7

右の前足をさらに曲げ、裏側を軽くへこませて左の前足に重ね、卵白で張る。以下接着には卵白を使用。

8

耳を作る。棒形にしたマジパンを麺棒で伸ばし、真ん中で半分に切る。角を丸くして楕円形にする。ハサミで斜めに筋を入れ、毛を作る。

9

角度を調節して頭を身体に接着し、耳をつける。左耳は背に沿わせて動きを出す。

10

尻の中央を筆などで押してくぼませ、尻尾を接着しやすくする。

11

尻尾用に先のとがった棒形を作り、赤ちゃんの左手で握れる太さに調節する。

12

マジパンをまわしながら全体にハサミで筋を入れ、尻尾のふさふさした感じを出す。

13

赤ちゃんの手に尻尾の先を握らせ、カーブさせて根元を犬の尻に張り、鉛筆形スティックで押しつける。

顔のバリエーションを練習
目、鼻、口のディテールを工夫し、もっと表情豊かに

　顔作りの基本、そら豆形の顔から発展させて、いろいろな年齢や表情を作る練習です。ぱっちりと開いた大きな瞳、歯をのぞかせた笑顔。表情のパターンにかぎりはありません。観察力を働かせ、自分流の顔作りを目指してください。

≫ 大きなだんご鼻

だんご鼻に穴を開けて、茶目っ気たっぷりの印象に。小鼻をふくらませれば立体感が出て、表情に動きが出ます。

1 鼻を大きめにつまみ出す。串形スティックをさして穴を開け、さらに外側へ穴を押し広げる。

2 小鼻に薄くラインを入れ、立体感を出す。

≫ ぽかんと開けた丸い口

穴を広げて、ぽかんと開いた口を作ります。唇を軽く外へ開かせると自然に仕上がります。ひび割れしやすいので、素早く作業します。

1 へら形スティックを差し込み、口を開かせる。上下にへらを動かしながら少しずつ穴を広げる。

2 バランスを見ながら左右にも広げる。

≫ ぱっちり開いた目

白目、黒目、黒目の中の星はすべてしずく形。穴を開けてはしずく形をさすを3回繰り返すので、しっかり接着できます。はじめの穴は深く開けましょう。

1 鉛筆形スティックで目に穴を深く開ける。

2 白のマジパンで同じ大きさの丸形を2つ作る。両手で1つずつ丸め、途中で左右を入れかえると、大きさの違いが分かりやすい。

4 カッターで目尻に上向きの切れ目を入れ、乾いたときに眉間にひびが入るのを防ぐ。

ここで作った顔に眉毛をつけ、頭を食用色素で青く塗れば、90ページの右の男の子になる。

3 **2**をしずく形にし、穴に酒を塗ってさす。その上から穴を開け、黒のしずく形、最後に白を差し込む。しずく形は徐々に小さくする。

≫ 満面の笑顔

歯と舌をつけて笑顔にします。女性に舌をつけるときは、口からはみ出させないのがかわいらしく見せるポイントです。

1
70ページ「へら形スティックをさして口を開ける」の**1**と同様に口を作り、へら形スティックを上下に動かして口を開ける。

2
口角に串形スティックを差し込んで持ち上げる。

3
小さな丸形を薄く伸ばして舌を作る。酒を塗って口の中に接着し、舌の中央を串形スティックで押してくぼませる。

髪をつけ、食用色素でほおを染めれば82ページの右の女の子の顔が完成する。

4
歯を作る。白のマジパンをごく薄く伸ばし、口の大きさに合わせて長方形に切る。カッターで縦に歯の筋を入れる。

5
上あごに酒を塗って歯を接着する。歯の端を軽く押して形を整える。

≫ 大きく口を開けた笑顔

作り方は「満面の笑顔」と同じですが、さらに口を縦横に大きく開かせます。鼻と耳も大きく作り、大胆な表情にします。

1
「満面の笑顔」の**1**、**2**と78ページ「大きなだんご鼻」を参照して顔を作る。口は耳の近くまで大きく開ける。

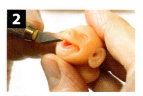
2
「満面の笑顔」**3**～**5**を参照して大きめに作った舌と歯を入れる。歯は舌のラインに沿って張る。

3
黒のマジパンで眉毛とひげを作り、それぞれにカッターで縦に細かく筋を入れ、酒を塗って張る。

ネクタイを頭に巻き、顔を真っ赤に染めると100ページ右の男性が完成する。

人の一生、勢揃い

赤ちゃんからおじいさんまで、人の一生を8つに作り分けました。

子どもは顔幅とおでこが広く、目、鼻、口を顔の下部に集めます。大人になるにつれ、ほおの肉を落とし、あごのラインを強調させます。耳や目の位置はだんだんと上げていきましょう。しわをつけ、ほお骨と眉毛の骨を目立たせて目をくぼませると、老人らしくなります。

身体を美しく見せるポイントは、左右均等の手足
1本の棒から両手足を作り出す

　手と足は顔の次に表現力を求められる重要なパーツ。左右を同じサイズに作れば、全身のバランスが整いますが、片方ずつ作るとサイズが違いやすい。そこで、1本の棒形の左右に手のひらと足先を作り、切り離して2本にすると、かんたんに左右対称に揃えることができます。

≫ 左右の腕を同時に作る

1 マジパンを転がし、左右の腕がつながった長さの棒形を作る。

2 両端を押しつぶして平らにし、親指をつまみ出す。

3 親指のつけ根を肉厚にし、手首が細くなるように形を整える。

4 カッターで等間隔に3本切れ目を入れ、指を切り離す。

5 指のつけ根にラインを入れる。手相を入れてもよい。

6 手首の上をやや太くし、腕をふっくらとさせる。

7 必要な長さに腕を切って、先を接着用にとがらせる。

≫ 指の形で変化をつける

握りこぶし

親指以外の指を丸めて、握りこぶしにする。

ハンカチを握らせる

人差し指と親指は開いたままで、ハンカチを握らせる。

≫ 足も1本の棒形から作る

1

腕の太さとのバランスを考えて棒形を作り、両端を曲げて足首から下を作る。

2

指先で転がして足首を細くする。

3

足の裏をくぼませて土踏まずを作り、かかとの形を整える。

4

ふくらはぎにふくらみを持たせ、足首をつまんでアキレス腱を出す。

5

足の先にカッターで4本切れ目を入れる。裏側の指のつけ根に薄く筋を入れ、指を離す。

6

真ん中で半分にし、長さを調節して先を接着用にとがらせる。

≫ 爪と靴下で足に変化を出す

爪をつける

大きな足には、カッターで指の爪をつけるとさらにリアルに。

靴下をはかせる

足の形を作り、指は切り離さず、つま先に1周ラインを入れ、靴下の縫い目を入れる。

Marzipan Story

座った姿はお尻と足を薄く

幼稚園のクリスマス会

待ちに待ったクリスマス会で、大好きなあの子にプレゼント。少し怖がりながら鳴らしたクラッカーから紙ふぶきが舞い落ちて、楽しい時間はこれからです。女の子はタイツをはいておめかしし、男の子は裸足で元気いっぱいに。座った姿は足の薄さがポイントです。

左からの図
グラデーションをつけたツリーがデコレーションのポイントに。

後ろからの図
お尻はほとんど見えないぐらいに薄くつぶす。

右からの図
女の子のスカートはひざを出し、後ろの裾は長く地面までつける。

クラッカーを鳴らす男の子

　座った姿を上手に作るポイントは下半身の薄さ。座ると上半身の重みで足や尻は押しつぶされ、薄くなります。服のしわは、手の上げ具合や足の位置で変化するので、自分を鏡で見て、観察しながらラインを入れるといいでしょう。

用意するマジパンの色
- ● ズボン…青＋黄＋赤で着色
- ● 肌…赤＋黄で着色
- ● スモック…青で着色
- ○ 襟、ボタン、クラッカーのひも、白目…白（無着色）
- ● 髪、眉毛、黒目…赤＋青＋黄＋黒で着色
- ● クラッカーの紙ふぶき…黄で着色

［その他の材料］ 粉末食用色素…赤

俵形の両端を曲げて座った姿にする

1

俵形を作り、両端をゆっくり伸ばして左右の足を作る。

2

膝を曲げ、両足を前面に出して座るスタイルにする。

3

腰の部分を押して平らにする。高さが出ないよう、太ももを軽く押す。

4

串形スティックを押しつけ、膝の裏側と股に深いしわをつける。

5

ズボンの裾に鉛筆形スティックをさし、穴を開ける。

6 ズボンの形が完成。片足の膝を少し浮かせると、自然な動きが出る。

7 ジッパーの部分にカッターで縦に2本ラインを入れる。

足をズボンに差し込む

1 81ページ「足も1本の棒形から作る」を参照し、両足を作る。

2 ズボンの裾の穴に卵白を塗り、足を差し込む。

3 膝の裏に串形スティックを差し込み、膝の曲げ具合を調節する。

俵形の底をくぼませてスモック姿を作る

1 俵形を作り、片手でまわしながら、もう片方の手で中心をくぼませ、同時に裾を引っぱり出す。

2 下半身に卵白を塗り、**1**をのせる。以下接着には卵白を使用。服の裾をめくって動きをつける。手を上げることを考えて、服にしわをつける。

3 鉛筆形スティックで頭を差し込む穴を開ける。

4 胸元に串形スティックで穴を2つ開け、しずく形に整えたボタンを差し込む。

5 しずく形を作り、鉛筆形スティックで袖の穴を開ける。スモックの袖らしくなるよう穴のまわりに串形スティックでしわを入れる。

6 左肩に鉛筆形スティックで穴を開け、袖を差し込んで接着する。

7 わきの下に串形スティックを転がし、胴から腕にかけてのラインを整える。

8 支えを使い、持ち上げた状態で固まるまで乾燥させる。

9 右袖も同様に作り、つけ根を横方向にとがらせて肩に差し込む。

10 襟を作る。マジパンを細長い棒形にし、麺棒で平らに伸ばす。

11 首の穴のまわりに1周させて襟をつける。鉛筆形スティックを押しつけて穴の中に襟を折り込む。

差し込んだ手にクラッカーを握らせる

1 80ページ「左右の腕を同時に作る」を参照して手を作る。適度な長さに切ってつけ根をとがらせる。

2 袖の穴に卵白を塗り、左手を差し込む。串形スティックで手のひらを押し込み、しっかり接着する。鉛筆形スティックの先を握らせ、手の形を整える。以下接着には卵白を使用。

3 右手は細長く伸ばした白のひもを握らせる。

4 左手にクラッカー(89ページ)を握らせて接着する。

ウィンクした顔に帽子をかぶせる

1 69ページを参照して頭を作り、指でつまんで首を作る。胴体に差し込むので、首の先はとがらせる。

2 70〜71ページと78ページ「ぱっちり開いた目」を参照し、ウィンクした顔を作る。口は目を閉じているほうの口角をやや上げるとより自然な表情になる。

3 髪用のマジパンを細長く伸ばして麺棒で平らにし、三日月形にする。外側にハサミで切れ目を入れる。

4 髪に卵白を塗り、切れ目を入れたほうを前にして頭に張る。以下接着には卵白を使用。中央を串形スティックで押さえて分け目をつける。

5 胴体に首を差し込んで接着する。

6 頭に帽子（89ページ）をかぶせる。串形スティックで縁を押さえてしっかりと密着させる。

7 赤の食用色素をアルコールで溶き、筆でほおをほんのり色づける。黄のマジパンを細かい長方形に切り、服や帽子に散らして仕上げる。

テクニック＆ツール 基本の基本

重いパーツは凹凸式接着でがっちり固める

　上半身や頭など、重いパーツを頑丈に張りつけるには、凹凸を合体させるのが強力です。平面同士を張り合わせるよりも接着面が広いため、しっかり密着します。接着面に穴を開け、ぴったりはまるようにパーツの先をとがらせて差し込みます。接着液を全体にまんべんなく塗って張り合わせましょう。

パーツの先は穴を開けたスティックと同じ太さにとがらせると、ぴったりと密着する。

スカートを着た女の子

スモックの作りかたは男の子と同じなので、スカート姿だけを紹介します。棒形のマジパンをM字形にし、上からスカートをのせます。ズボンと同様、足には厚みを持たせないようにしましょう。スカートは縁をできるだけ薄くしてふわりとさせます。

用意するマジパンの色
- ○ 足…白（無着色）
- ● スカート…赤で着色

1 足を作る。俵形のマジパンを転がして均等な太さの棒形にする。両足をつなげて作るので長めに。

2 M字形に折り曲げ、かかと、足首、つま先の形を整える。タイツ姿なので、指は切らない。腰と太ももを押して薄くする。

3 スカートを作る。丸形をOPPシートに挟み、麺棒で縁がごく薄くなるように伸ばす。指でつまんでひだを寄せながら、スカート丈を調節する。

4 足に卵白を塗り、ひざが少しのぞくようにスカートをのせて接着する。

クリスマスツリー

色調の異なる緑のマジパン4色を使ってグラデーションにします。先がカーブしたハサミで切れば、葉に自然なカーブがつけられます。

用意するマジパンの色
- 赤＋青＋黄＋黒で着色した色調の違う4色の緑

1 4色のマジパンをそれぞれ同じ大きさに丸め、軽くつぶして先が細くなるように重ねる。

2 転がして境目を平らにする。全体を軽くねじり、マジパンをまわしながら底をくぼませる。

3 マジパンをまわしながらハサミで上から下まで切り込みを入れ、形を整える。

水玉模様のクラッカー

男の子の手に鉛筆形スティックを握らせて形を決め、鉛筆形スティックと同じ大きさのクラッカーを作れば、サイズはぴったりです。

用意するマジパンの色
- 🔴 クラッカー…赤で着色
- 🟡 水玉模様、テープ…黄で着色

1 鉛筆形スティックの先と同じ大きさのしずく形を作り、穴を開ける。

2 まわりに串形スティックで穴を開けて酒を塗り、しずく形を差し込む。以下接着には酒を使用。

3 テープを作る。しずく形を薄く伸ばし、先を持ってぶら下げ、ハサミで切れ目をいくつか入れる。

4 3を丸めて穴に差し込み、先を無造作に広げる。

サンタの帽子

かぶせる頭の形に合わせて底をくぼませると、しっかり接着できます。

用意するマジパンの色
- 🔴 帽子…赤で着色
- ⚪ 帽子の縁、ボンボン…白（無着色）

1 円錐形を作り、先をつまんでマジパンをまわしながら反対の指で底を押してくぼませる。

2 先端を曲げ、鉛筆形スティックで穴を開ける。

3 縁は細長いひも形に伸ばしたマジパンに酒を塗って接着する。頭にかぶせたとき、つなぎ目は隠れる位置に向ける。

4 ボンボン用のしずく形を作り、帽子の先に卵白を塗って差し込む。

Marzipan Story

胴体を分厚く作ってがっしり体型に

部活の帰り道

いつものようにバス停でバスを待つ2人のところに、冬眠前のカエルがやってきました。本当に食べるのかな？ 手に持った焼きいもを差し出す友達。その様子を見守る少年は楽しそうに微笑んでいます。オレンジの色素をエアブラシで一方向から吹いて、夕日に照らされたような陰影を出しました。

左からの図
立っている男の子はカバンを身体の後ろに、顔は前に出してバランスをとる。

後ろからの図
腕の接着部分はカバンのひもをかけて隠す。

右からの図
丸坊主の男の子は胸板を厚くする。

丸坊主の男の子

がっちり体型の少年は、胴体を肉づきよく、肩を張り出させて胸板を厚く作ります。太ももの厚みは抑えめにしましょう。

用意するマジパンの色
- ● 学生服、下駄の鼻緒、眉毛、黒目
  …赤＋青＋黄＋黒で着色
- ● 下駄…黄＋赤＋青で着色
- ● 肌…赤＋黄で着色
- ● ボタン、焼きいも…黄で着色
- ● 焼きいもの皮…赤＋黄＋青で着色
- ○ 白目…白（無着色）

[その他の材料] 粉末食用色素…赤、青

かがんだ下半身を作る

1 84ページ「俵形の両端を曲げて座った姿にする」を参照し、かがんだズボンを作る。裾は太く、だぼっとさせる。尻は丸みをつけ、つき出させる。

2 膝の裏、股やズボンの裾に串形スティックでしわを入れる。鉛筆形スティックで裾に穴を開ける。

3 腰の部分をつまんでとがらせ、上半身の接着部分を作る。前かがみになるようにやや斜めに傾ける。

4 太ももにへら形スティックでポケットの跡をつける。カッターの背でジッパーのラインを縦に2本入れる。

5 後ろには針金スティックでポケットのライン、お尻の割れ目に縦1本のラインを入れる。

1枚の帯をカットして下駄底を作る

1 棒状にしたマジパンを麺棒で平らに伸ばす。同じ大きさに切って下駄底を2つ作る。残りから下駄の歯を4本切り取る。

2 ナイフ形スティックの背で等間隔に2本ずつ筋を入れる。下駄の歯を入れる溝になる。

3 下駄の歯に酒を塗り、溝の上に接着する。

頑丈な足に下駄をはかせる

1 81ページ「爪と靴下で足に変化を出す」を参照し、太めに足を作って爪を入れる。串形スティックで鼻緒のラインを入れる。

2 鼻緒を作る。ごく細く伸ばしたマジパンに酒を塗り、足につけたラインに沿って張る。親指と人指し指の間を串形スティックで押し、食い込ませる。

3 ズボンの裾に卵白を塗り、足を接着する。以下接着には卵白を使用。

4 下駄を足の裏に張る。ちょうどよい高さのものに座らせ、完全に乾燥させる。

台形からがっちりした上半身を作る

1 台形を作り、胸板を厚く、丸みをつけ、肩にふくらみを持たせる。肩幅は広めにし、くびれを作る。

2 マジパンを片手でまわしながら、もう片方の手で腰の内側をくぼませる。背中や胸が出っぱりすぎないよう調整する。

3 正面の下半分にカッターで小さく切れ目を入れて左右に広げ、串形スティックで服のしわを入れる。

4 ナイフの背で、縦中央にラインを入れる。

5 串形スティックでボタンの穴を5つ開け、鉛筆形スティックで首と両腕用の穴を開ける。上半身に卵白を塗り、下半身を接着する。串形スティックで学生服の裾をズボンに押しつけ密着させる。

焼きいもを割って両手に持たせる

袖を作る。棒形に伸ばし、片側に鉛筆形スティックで手を入れる穴を開ける。

写真は左袖。つけ根を接着用につまみ、斜め上方向へとがらせる。

袖の真ん中あたりを折り、ひじを直角に曲げる。

串形スティックを押しつけて服のしわを入れながら、二の腕の厚みを薄くする。

肩の穴に卵白を塗り、袖を差し込む。接着面を指でなでて目立たなくする。以下接着には卵白を使用。

右袖は肘を曲げずに接着する。服にしわをつけながら形を整え、太ももに左右の袖をのせて、さらにしっかりと張る。

80ページ「左右の腕を同時に作る」を参照し、腕を作る。左手は鉛筆形スティックの先を握らせ、指の形を決める。

袖の穴に両腕を接着する。左の手のひらに串形スティックをさして押しつけ、しっかり密着させる。

右手は裏側から串形スティックをさして袖に押しつけ、密着させる。

焼きいもを作る。中身を楕円形にし、両端をとがらせる。皮を薄く伸ばし、中身に巻きつけて余分を切る。

11 真ん中から少しずらしたところを半分にちぎる。手でちぎると割れ目がよりリアルになる。

12 両手に焼きいもを握らせる。右手には、断面が正面を向くように接着する。

坊主頭を食用色素で色づけて仕上げる

1 ボタンを均一の大きさのしずく形に整え、穴に酒を塗って差し込む。

2 しずく形に卵白を塗って首の穴に差し込み、詰め襟を作る。鉛筆形スティックを上からさして穴を開ける。

3 上半身に入れたラインにつながるよう、ナイフ形スティックで詰め襟に縦のラインを入れる。

4 78ページを参照して丸顔を作り、首の先をとがらせて胴体に差し込む。

5 青と赤の食用色素をそれぞれアルコールで溶き、細い筆で後頭部に青を塗り、ほおを赤く色づける。

カバンを肩にかけた男の子

筒形のマジパンに縦のラインを1本入れるだけで直立した2本の足が作れます。前後左右バランスよく作りましょう。重心が中央に集まり、上半身をしっかり支えます。

頭にもみあげと髪を別々につける

1 78〜79ページ「ぱっちり開いた目」と「満面の笑顔」を参照し、顔を作る。舌は小さく作って奥へさし、口内をほんのりと赤く色づける。

2 もみあげを作る。麺棒で薄く伸ばして三角に切り、カッターで横に細かく筋を入れたものを2個作る。

3 もみあげに卵白を塗り、左右の耳の横に接着する。以下接着には卵白を使用。

4 髪を作る。丸形をOPPシートに挟んで麺棒で伸ばし、シートからはずしてハート形に整える。ハサミで切り込みを入れる。

5 生えぎわを串形スティックで押さえて接着し、後ろに向かってラインを引いて分け目を作る。前髪は持ち上げて動きを出す。

> **用意するマジパンの色**
> - 肌…赤＋黄で着色
> ○ 白目、スニーカー、シャツの袖、カバン…白（無着色）
> ● 舌…赤で着色
> ● 学生服、髪、眉毛、黒目…赤＋青＋黄＋黒で着色
> ● 靴底…黄＋赤＋青で着色
> ● ボタン…黄で着色
>
> ［その他の材料］　粉末食用色素…赤

筒形に筋を入れ、左右に分けて足を作る

1

足2本分の太さの筒形を作って前後を平たくする。縦中央にナイフの背を当てて左右に倒し、切れ目を広げる。裏側も同様にする。

2

もものつけ根のしわとジッパーのラインをナイフの背で入れる。足の中央をつまみ、アイロンじわをつける。

3

後ろは尻のしわを入れ、丸みを出す。膝裏にしわを入れ、ズボンの裾に鉛筆形スティックで穴を開ける。

スティックでラインを入れて運動靴を作る

1

棒状にしたマジパンをU字形に曲げ、曲げた部分を切り取る。残った2個のパーツを左右の靴に使う。

2

切り口を上向きにとがらせる。つま先に縦のラインを等間隔に入れ、中央の2本は長く入れる。横にも1本ラインを入れる。

3

靴底と大きさを揃えて薄く伸ばしたマジパンを張りつけ、横に等間隔にラインを入れる。

4

靴ひものラインを入れて完成。ズボンの裾に卵白を塗って差し込む。

5

ズボンの先を、接着用にとがらせる。

胴体を作ってズボンに接着する

1 俵形から左袖を引っぱり出す。

2 マジパンをまわしながら、もう片方の手で裾の内側をくぼませ、袖に鉛筆形スティックで穴を開ける。

3 串形スティックで服にしわを斜めに入れる。袖にも軽く脇が開いた感じのしわをつける。

右の服の裾を軽くめくる。丸坊主の男の子と同様に、服の裾の中央を切ってボタンをつける。

4 上半身のくぼみに卵白を塗り、下半身を接着する。串形スティックで服の端を押しつけ、しわをつけながらしっかり密着させる。

5

カバンを肩からかけて腕の接着面を隠す

1 左袖と同じ大きさに右袖を作る。肩に穴を開け、卵白を塗ってさす。以下接着には卵白を使用。

2 串形スティックを押しつけてしわをつけ、袖に鉛筆形スティックで穴を開ける。

3 カバンのひもをかけやすいよう、腰をくぼませる。

4 細い棒状にした白のマジパンを麺棒で平らに伸ばし、袖の接着面が隠れるように右肩にかける。

5 シャツの袖用にしずく形を作り、学生服に差し込む。上から鉛筆形スティックで穴を開ける。

6 右肩のつけ根を串形スティックで押し込み、袖をしっかりと密着させる。穴はカバンのひもで隠す。

7 右腕を作る。肘から手首までの長さの棒形を作って両端をとがらせ、⅓のところを肘にして、少し曲げる。

8 右の袖に差し込み、先は裾の中に入れる。

9 カバンを作る。長方形を作って半分を薄く伸ばし、カバンの蓋を作る。

10 カッターでカバンの側面にラインを1本入れる。

11 へら形スティックを両側にさして穴を開け、真ん中で折りたたんでカバンに蓋をする。

12 カバンの穴にひもを差し込んで接着する。蓋の端を軽くめくって動きをつける。

13 80ページ「左右の腕を同時に作る」を参照し、左手を作って接着する。へら形スティックで手首に軽く筋をつけ、骨ばった腕にする。

14 詰め襟は麺棒で伸ばして帯にし、首に巻きつける。上から指で軽く押しつぶす。

15 顔を斜め上を向かせて接着する。食用色素をアルコールで溶き、細い筆でほおを赤く色づける。

首をかしげ、後ろから覗いているように。

赤ら顔で浮かれた気分
花見

社会人一年目、花見の場所取りがはじめての仕事です。すっかり上機嫌になった上司にもっともっとと勧められ、慣れないビールに顔はもう真っ赤。なんだか浮かれた気分なのは、きれいな桜のせいでしょうか。若い男性は顔の輪郭をシャープに、手足を長くしてすらりとさせました。

左からの図
グレーのズボンは、膝を出っぱらせてすらりとした印象をさらに強調。

後ろからの図
シャツに縦のしわを入れてズボンにシャツが入った感じにする。

右からの図
顔は上向きにつけて桜を見上げて笑っているように。

真っ赤に酔った新入社員

　幼稚園の男の子と同じポーズですが、大人っぽさを出すために足は長く、膝の出っぱりを意識して作ります。腕を高く上げる場合、腕は長いほど支えるのが難しいので、やや短く作って安定させます。

用意するマジパンの色
- ● ズボン…黒+青で着色
- ● 靴下、眉毛…赤+青+黄+黒で着色
- ○ ワイシャツ…白（無着色）
- ● 肌…赤+黄で着色
- ● ネクタイ…青で着色
- ● 髪…赤+黒+青+黄で着色

[その他の材料]　粉末食用色素…赤

アイロンじわのついたズボンを作る

1
84ページ「俵形の両端を曲げて座った姿にする」を参照し、ズボンを作る。すねを長くし、ひざは骨が出たような形に整える。

2
すねの中央を指でつまみ、ズボンにアイロンじわをつける。

3
81ページ「爪と靴下で足に変化を出す」を参照し、靴下をはいた足を作り、ズボンの穴に卵白を塗って接着する。

俵形から腕を引っぱりワイシャツ姿を作る

1
俵形を作り、肘の長さまで両腕を引っぱり出す。

2
指でつまんで袖に凹凸をつけ、袖口を平らにする。鉛筆形スティックで、袖口と首に穴を開ける。

3
ワイシャツの前後にしわを入れ、左胸にナイフでポケットのラインを入れる。裾はふくらみを持たせ、ズボンの中にシャツが入っているような筋を入れる。

4

80ページ「左右の腕を同時に作る」を参照して腕を作り、袖の穴に卵白を塗って接着する。肘をとがらせ、筋を入れると筋肉質で大人らしくなる。左手は握り拳にし、右手はビールを持たせる。以下接着には卵白を使用。

5

首は別に作る。棒形にして両端をとがらせ、胴体に接着する。

6

水色のマジパンを麺棒で伸ばし、ネクタイの形に切る。長い帯は左右で太さを変え、カッターで斜めに模様を入れる。

7

長い帯を2つ折りし、短い帯を巻いて結び目にする。結び目のすぐ下をつまみ、しわをつける。麺棒で伸ばしたマジパンを襟の形に切る。

8

ナイフで折れ線を入れ、折り曲げる。幅の狭いほうを内側にしてワイシャツの襟ぐりを間に挟んで接着する。

9

ネクタイの結び目の端をとがらせ、襟に差し込む。

胴体に下半身を接着する。腕が落ちてこないように支え、完全に乾かす。

10

ほおと鼻を色づけて酔っぱらいの顔に仕上げる

1

69〜71ページを参照して顔を作る。あごのラインを強調し、目と口の間に耳を張ると大人っぽくなる。

2

髪を作る。麺棒で伸ばしてカットする。この後、縁に沿ってハサミで細かく切り込みを入れる。もみあげはカッターで縦に筋を入れる。

3

卵白を塗り、もみあげから頭に接着する。串形スティックで生えぎわから筋を入れ、分け目を作る。つむじの部分に穴を開ける。以下接着には卵白を使用。

4

首をあごの下で切り、鉛筆形スティックで穴を開けて首に差し込む。

5

食用色素をアルコールで溶き、細い筆でほおと鼻の頭を赤く色づける。

Marzipan Story

美しいボディライン、つややかな肌色
Wedding

今日は人生で一番輝くとき。満面の笑みで幸せいっぱいの彼女は、幼稚園ではじめて恋をしたあの女の子。清楚なドレスを着た美しい新婦を前に、新郎は少し緊張している様子です。新婦は頭と身体をひとつなぎで作り、接着面のない美しいボディラインにしました。

左からの図
新郎はやや肩を上げ、緊張して強ばった感じに。

後ろからの図
新郎に寄り添うように新婦の身体を少し内側を向かせる。

右からの図
新婦は背中をそらせてシャープに、ドレスはふんわりとボリュームを持たせる。

幸せいっぱいの花嫁さん

　肌は露出する部分が大きいほど難易度が高くなります。つなぎ目を見せないよう、頭から腰までひとつなぎで作りましょう。首や腕は細くて乾きやすいので、素早く形づくり、あとはあまり動かさないようにします。もしひびが入ったら、髪で隠すのも手です。

用意するマジパンの色
- ○ 土台、ドレス、手袋、花…白（無着色）
- 肌…赤＋黄で着色
- 髪、眉毛…赤＋青＋黄＋黒で着色
- 葉…黄＋青＋赤で着色

[その他の材料]　グラス・ロワイヤル（63ページ参照）、粉末食用色素…赤

ひとつのかたまりから頭と身体を作る

1 円錐形の土台を作り完全に乾かす。やや前に向けると、ドレスを着せたときに美しいラインになる。

2 上半身を作る。ひょうたん形を作り、両腕を引っぱり出す。

3 首を細くする。肘まで腕を伸ばし、先はとがらせておく。

4 鼻を高くつまみ出して先をとがらせ、やや上向きにする。あごの輪郭を指でつまんで整えながら、顔全体をシャープにする。

5 背骨のラインをくぼませて背筋を伸ばし、両肩をやや後ろに引き、胸を張った美しい姿勢に整える。

6 70ページを参照して笑顔を作る。あごを上げて顔を斜め45度の角度にすると、身体のラインがさらに美しくなる。

7 ウエストは極端に細くする。底は接着用に広げ、内側をくぼませる。

8 首のつけ根にへら形スティックを押し当て、鎖骨のラインを出す。

9 鎖骨のラインを整えながら、胸を下から指で押し上げ、ふくらませる。

10 脇の下をへら形スティックで押さえながら胸の形を整える。

11 胴体のくぼみに卵白を塗り、土台に接着する。ここでもう一度バランスを調節する。

12 発泡スチロールと竹串を利用し、全体を支えて乾かす。竹串がくい込んで跡がつかないように。

上半身にドレスを着せる

1 麺棒で薄く伸ばして長方形に切る。半分に折り、開くと左右対称になるようにハサミで切る。

2 1に卵白を塗り、胸のラインに合わせて接着する。少しずつ押しつけて、ぴたりと密着させる。以下接着には卵白を使用。

3 背中は大きく開きすぎないように接着し、余分をハサミで切る。

4 フリルを作る。細いひも形をOPPシートに挟み、指で薄く伸ばす。同様に4枚作る。

5 真ん中で曲げてV字にし、胸のラインに合わせて張る。残りのフリルを少しずつ下へずらして接着する。

6 いちばん下は串形スティックを転がして密着させる。フリルの端をめくって立体感を出す。

裾の長いドレスにひだを寄せる

1 麺棒で薄く伸ばし、カッターでスカートの形に切る。縁はさらに麺棒でごく薄く伸ばす。

2 内側の上部に卵白を塗り、ひだを寄せながら身体に巻きつける。ウエストが太くならないよう、くびれのやや下につけるとよい。以下接着には卵白を使用。

3 1周したら余分をハサミで切る。重なって厚みが出たひだも切り取る。

4 接着面に串形スティックを転がして、ドレスを土台に密着させる。

5 裾を大きく広げ、美しいフリル状にひだを寄せ、スティックを挟んで乾くまで固定しておく。

80ページ「左右の腕を同時に作る」を参照し、白のマジパンで手袋を作る。つけ根に鉛筆形スティックで穴を開け、腕の先をさし、両手を合わせる。

ねじった髪に花を飾る

1 髪用のマジパンを薄く伸ばして唇の形に切り、縁にハサミで髪の毛の筋を入れ、卵白を塗る。

2 71ページを参照して耳を作り、目と口の間の高さに張る。髪をもみあげから接着する。額が広くなる位置に張り、分け目をへら形スティックで押さえて密着させる。

3 まとめた髪は別に作る。麺棒で伸ばして長方形にカットし、ハサミで縦に細かく切り込みを入れる。同じマジパンをごく細く伸ばして眉毛を作り、酒を塗って接着する。

4
真ん中で2つに分け、それぞれをねじって束にし、接着部分に卵白を塗る。以下接着には卵白を使用。

5
後頭部の中心よりやや下に接着し、肩から胸にかけて張る。上半身にひびがあれば、髪の毛で隠すとよい。

6
3と同様に小さめにカットしたマジパンをねじってひとつに丸め、髪の束の接着面を隠すように張り、頭に花を飾りやすくする。

7
小さな花を作る。細いひも形をOPPシートに挟んで薄く伸ばし、細かくひだを寄せる。

8
カラーの花を作る。しずく形をOPPシートに挟み、薄く伸ばして花びらを作る（中央）。細いしずく形を芯にし（右）、花びらを巻く（左）。

9
葉もカラーの花びらと同様に薄く伸ばし、根元を丸める。バランスを見ながら、花と葉を頭に接着する。

手にブーケを持たせる

1
ユリを作る。しずく形をOPPシートに挟み、薄く伸ばす。シートの上からナイフで縦に細かいラインを入れる。

2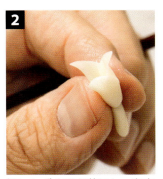
細いしずく形を芯にし、卵白を塗って**1**の花びら3枚で芯を囲む。ラインを入れたほうを内側に向ける。以下接着には卵白を使用。

3
内側の花びらと重ならないよう、外側に3枚接着し、底は接着しやすいようナイフで切る。

4
葉も花びらと同様に伸ばしてラインを入れる。根元を丸め、手の上や下に差し込んで接着する。葉の先は外側に向ける。

5
ユリを接着し、隙間を埋めるようにカラーの花、小さな花を接着する。

リボンとパイピングでドレスを華やかにする

1 リボンを作る。麺棒で薄く伸ばして帯状に切り、左右の輪、結び目、両端に分けて切る。輪の部分は先をつまむ。結び目は幅をやや細くする。

2 腰に卵白を塗り、ドレスの接着面を隠すようにリボンをつける。端は外側へ軽くカールさせ、動きを出す。以下接着には卵白を使用。

3 輪の部分を接着し、つなぎ目が見えないよう帯を巻いて結び目にする。

4 グラス・ロワイヤルをパイピングし、ピアス、ネックレスをつける。食用色素をアルコールで溶き、細い筆で唇をほんのり色づける。

5 胸元のフリルとドレスの裾にもパイピングする。模様はランダムに入れて自然な感じに仕上げる。

緊張している花婿さん

背が高いほど直立させるのが難しいので、足と胸を一体化させた芯棒を作って完全に乾かし、洋服を張りつけてから腕、頭、靴を接着します。安定感が出て、バランスよく仕上がります。靴と裾は接着面が広いので、凹凸形にせずに接着します。

用意するマジパンの色
- ○ 土台、シャツ、チーフ、手袋…白（無着色）
- ● タキシード、靴、髪、眉毛、黒目…赤＋青＋黄＋黒で着色
- ● ベスト、ネクタイ…青＋黒で着色
- ○ 肌…赤＋黄で着色

土台にシート形のズボンを巻く

1 首から下（左）を作り、完全に乾かして芯棒にする。ズボンは麺棒で薄く伸ばし、長方形に切る。

2 ズボンに卵白を塗り、つなぎ目が背面の中心にくるよう、芯棒の腰から下に巻き、余分を切り取る。以下接着には卵白を使用。

3 芯棒の切り込みに沿ってナイフ形スティックを当て、足の間をくぼませる。97ページ「筒形に筋を入れ、左右に分けて足を作る」を参照し、しわとジッパーのラインを入れる。

4

長めの俵形を中央で曲げて形を整え、左右の靴をつなげて作る。串形スティックで、革靴のラインを入れる。

5

ナイフ形スティックで靴底のラインを1周入れ、ズボンに靴を接着する。

6

ズボンと同じマジパンを帯状にし、ズボンの折り返しを作る。靴がやや隠れるように両足を1本の帯で巻き、ナイフ形スティックで押さえて密着させる。

ワイシャツとベストは前だけに接着する

1

白のマジパンを薄く伸ばして長方形に切り、卵白を塗って前身ごろの部分に張る。ナイフで等間隔に縦のラインを入れて飾る。以下接着には卵白を使用。

2

ベストを作る。ワイシャツよりやや大きめの長方形をVネック形に切り、ワイシャツの上から張る。

3

鉛筆形スティックで首の穴を開ける。ベストと同じ色のマジパンをひし形に切り、縦のラインを入れてネクタイにする。小さなしずく形でボタンを作り、串形スティックでベストに穴を開けて差し込む。

大きなシート形で包んでタキシードを着せる

1 麺棒で薄く伸ばし、芯棒を包めるサイズの丸みを帯びた長方形を切る。

2 両端を三角形に折り曲げて襟を作り、卵白を塗ってはおらせる。以下接着には卵白を使用。

3 裾は自然に広げ、両肩の余分をつまんでナイフで切り、背と肩の部分をしっかり密着させる。小さな丸形でボタンを作り、張りつける。

4 襟の真ん中よりやや上に斜めにハサミを入れ、襟の上部分を切り取る。

5 同じ色のマジパンを帯にし、両端を斜めに切り、首まわりの襟のない部分に張る。後ろは高さを出して内側に折り曲げる。

6 肩の余分を切り取り、左胸にへら形スティックを差し込んで広げ、ポケットを作る。

7 棒状の両袖を作り、鉛筆形スティックで袖口に穴を開ける。袖の側面に卵白を塗り、胴体に張る。

8 80ページ「左右の腕を同時に作る」を参照し、両腕を作る。白のマジパンを薄く伸ばして楕円形にし、ランダムに折り曲げて手袋に見立て、左手に握らせる。

9 手を袖口に差し込んで接着する。**8**と同様にチーフを作り、胸ポケットに差し込む。

ワイシャツの襟をつけて仕上げる

1 麺棒で薄く伸ばし、カッターで襟形に切る。

2 棒形を作って両端をとがらせ、卵白を塗って襟を巻く。以下接着には卵白を使用。

3 ネクタイと同じマジパンをひも形に伸ばして襟に巻き、身体に差し込む。ネクタイの結び目用に台形を作って張る。

4 結び目に縦の筋を入れる。96ページ「カバンを肩にかけた男の子」を参照し、頭を作って接着する。鼻を高く、あごはくっきりと。歯と舌はつけない。

6 Decorative patterns

土台のデコレーションも華やかに

ケーキの土台も、作品の一部です。ストーリーにぴったりのデコレーションで、情景に深みを出しましょう。色の組み合わせや、スティックの使い分けでデザインの幅が広がります。

仲良くしようね（73ページ）

淡いピンクのエアブラシを吹き、下から太いひも、細いひも3本をすべて色を変えて重ねる。太いひもに貝殻形スティックで模様を入れる。

幼稚園のクリスマス会（82ページ）

彩やかな黄のエアブラシを吹き、ひも4本を重ねる。太いひもにクリンパで模様を入れる。型抜きした葉と丸形でヒイラギを作り、バーナーであぶって張る。

部活の帰り道（90ページ）

ひもと模様入りの帯を重ねる。下のひもはノコギリ形スティックを斜めに入れ、上のひもはクリンパで模様を入れる。帯はかご模様のローラーと模様入り麺棒を転がし、バーナーであぶる。

花見（100ページ）

オレンジのエアブラシを吹き、ひもと帯を重ねる。太いひもに貝殻形スティックで模様を入れ、帯は模様入り麺棒を転がす。

親子水いらず（114ページ）

オレンジのエアブラシを吹き、ひもを重ねる。太いひもはクリンパとパイピングで模様を入れる。模様入り麺棒で横縞を入れてセルクル型と白鳥型で抜き、花、葉とセットにして張る。

Wedding（104ページ）

水色と白、2色のマジパンで透けるほど薄いフリルを作り、重ねる。土台側面にはフリルのカーブに沿って鉛筆形スティックとパイピングで模様を入れる。

1
水色のマジパンを薄く伸ばし、直径9.5cmの花型と直径4cmのセルクル型で抜く。ここでは直径21cmの土台を飾る。

2
1か所をナイフで切り、内側に向かって竹串を当て、ゆっくり転がしてごく薄く伸ばしながらフリル状にする。

3
フリルの根元に卵白を塗り、ケーキの側面にカーブさせて張る。型をフリルの縁に当て、カーブの幅を揃える。

4
白のマジパンで同様に作り、水色のフリルの上に重ねる。接着部分に鉛筆形スティックを押し当て、点の模様を入れる。

身体は細く、顔は骨ばらせる
親子水いらず

久しぶりに実家へ帰ってきた一人娘と庭で記念撮影です。いくつになっても親にとってはかわいい子ども。元気な娘の姿にお父さんとお母さんの笑顔が溢れんばかり。ほお骨を出し、しわをしっかり刻んだ顔と、かがんだ身体で年寄りらしく。娘の口紅がポイントカラーに、芝生の緑が落ち着いた印象にまとめてくれます。

左からの図
お父さんは喉仏を目立たせ、骨ばらせる。

後ろからの図
娘の髪はくるくると端を巻いてパーマヘアに。

右からの図
肩を落とし、首を少し突き出させると年寄りらしくなる。

嬉しそうな
おじいさん

　上半身はやせて少し姿勢を前かがみにします。服を着せると身体にボリュームが出るので、芯棒は細めに作りましょう。ほおは全体が骨ばった印象になるように。眉毛やあごひげは端を浮かせて張りつけると、ふさふさした感じが出せます。

用意するマジパンの色
● 着物…黒＋青＋赤＋黄で着色
● 足袋、リボン、わらじの鼻緒 　…赤＋青＋黄＋黒で着色
● わらじ…黄＋赤＋青で着色
● 肌…赤＋黄で着色
○ 下着、ももひき…白（無着色）
● 髪、眉毛、ひげ…黒で着色

椅子に腰かけたズボンを作る

1

ひょうたん形を作って平たく押しつぶし、ナイフで縦に中央まで切り込みを入れて足を作る。

2

足を開かせ、腰の部分を起こす。

3

足を引っぱって伸ばしながら膝を曲げる。尻は強調させず、小さめに作ると年寄りらしい。

4

椅子に座らせ、太ももを指でつぶして厚みをなくす。股と膝の裏にしわを入れる。ズボンの裾に鉛筆形スティックで穴を開ける。

5

81ページ「足も1本の棒形から作る」を参照し、足袋を作る。足袋の上面に穴を開け、縦に細かくラインを入れる。白のマジパンを俵形にして両端をとがらせ、足袋の穴に卵白を塗って差し込む。以下接着には卵白を使用。

6

7

わらじを作る。薄く伸ばしたマジパンを楕円形に切り、カッターで横に筋を入れ、足に張る。93ページ「頑丈な足に下駄をはかせる」を参照し、足袋と同じ色の鼻緒をつける。

外側に開いてズボンに接着する。

胴体に下着と着物を着せる

1

2

3

4

ズボンの上部に鉛筆形スティックで穴を開けて卵白を塗り、しずく形の胴体をさす。首をつまみ出して筋をつけ、肩を少しだけふくらませる。

白のマジパンを透けるほど薄く伸ばし、幅の狭い長方形に切る。卵白を塗り、V字になるように首のつけ根に巻く。以下接着には卵白を使用。

着物用のマジパンを麺棒で伸ばし、胴体を包める大きめの長方形に切る。多少曲がってもよい。

右前になるよう胴体に巻き、押しつけて張る。

5

6

7

襟を作る。薄く伸ばして帯状にし、着物のまわりに張る。へら形スティックで着物に筋を入れる。

袖を作る。しずく形に整えて鉛筆形スティックで穴を開ける。袖口を広げて楕円形にする。

80ページ「左右の腕を同時に作る」を参照して腕を作り、指を曲げて握らせる。袖に差し込んで接着する。

8

9

胴体の側面に卵白を塗り、膝に両手がのるように腕を接着する。串形スティックを袖のつけ根の後ろに深くさし、しっかりと固定する。

黒のマジパンを細いひも形にしてリボン状にし、胸元に張る。着物にしわを入れる。

髪、眉毛、ひげの先を浮かせて張りつける

69ページ「そら豆形の頭から鼻をつまみ出す」を参照して頭を作る。あごをつまんでえらを張らせ、先をとがらせる。目とほおをくぼませ、ほお骨と目の上の骨を強調する。

78ページ「大きなだんご鼻」を参照して大きな鼻を作り、70ページを参照して目と口を作る。目尻、口角、鼻の横に串形スティックで深くしわを入れる。

首の根元を切って鉛筆形スティックで穴を開け、卵白を塗って胴体に接着する。以下接着には卵白を使用。

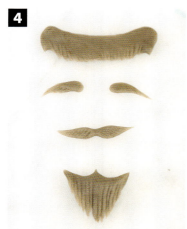

それぞれを接着する。眉毛とあごひげは密着させず、端を浮かせる。

髪は端を耳にかけ、後頭部は弧を描くように張りつける。

髪、眉毛、ひげを作る。麺棒で薄く伸ばし、それぞれカッターで切る。髪とあごひげには切り込みを入れ、眉毛の端と口ひげには薄く筋をつける。

色を白く、ひげを全体に長くするとまた違った雰囲気に。サンタの顔にも応用できる。

青々とした芝生

無着色のマジパンをセルクル型で抜いてプレートを作り、上に芝生を隙間なく張ります。少量ずつ分けて張ると、表面がデコボコして美しく仕上がります。

用意するマジパンの色
- 🟢 芝生…黄＋青で着色
- 🟩 芝生…黄＋青で着色
- 🟠 芝生…黄＋赤で着色
- ⚪ プレート…白（無着色）

3色のマジパンを網に少量ずつ押しつけ、外へ押し出す。網とマジパンの間にナイフをすべらせて取る。

固く乾いたマジパンのプレートに卵白を塗り、色のバランスを見ながら、少しずつ芝を張りつける。

元気に笑う娘の顔

髪は先を指でくるくる丸めるとパーマヘアに。十分な長さに切り込みを入れ、あとで余分は切り取りましょう。

用意するマジパンの色
- 肌…赤＋黄で着色
- 髪…赤＋黄＋青で着色
- 眉毛…赤＋青＋黄＋黒で着色
- 口紅、舌…赤で着色
- 歯…白（無着色）

指で丸めてパーマヘアを作る

1

69〜71ページを参照し、頭を作る。鼻は先をとがらせてやや上向きにし、ほおをすっきりとさせる。串形スティックで細くほうれい線を入れる。口にへら形スティックを差し込み、上下に動かして開かせる。

2

髪を作る。丸形をOPPシートに挟んで端が薄くなるように伸ばす。前髪の分け目をV字形にし、ハサミで放射状に深く切り込みを入れ、卵白を塗る。

3

頭に接着し、串形スティックを前髪から後ろに向かって押し当て、分け目を作る。

4

つむじを鉛筆形スティックでさし、しっかりと接着する。

5

指でカールさせる。長ければハサミで切り、自然なウェーブをつける。

細いひも形で口紅をつける

1

79ページ「満面の笑顔」の3〜5を参照して歯と舌をつける。口のまわりに酒を塗る。

2

ごく細いひも形を上唇の真ん中から両端に向かってゆがみなく張る。下唇も同様に張りつける。

マジパン細工の
可能性を拡げる特殊技法

シャープで緻密なデコレーションケーキを作る

マジパンとは思えないシャープなラインと緻密な構造。
月尾 弘シェフの独創的な技法を紹介します。
手で丸める作業は少なく、ほとんどすべてのパーツを
通常よりかなり柔らかく調整したマジパンを紙のように薄く伸ばし、
カッターで切り出して作ります。
できたパーツは数日間かけてカリカリになるまで乾燥させ、
接着して組み立てます。
この方法だとエッジのきいたシャープな輪郭が出せて、
まるで建築物のような入り組んだ造形を作ることが可能です。

Marzipan Story

オモチャの世界のお菓子屋さん
Depuis ［デピュイ］

赤い屋根が印象的な建物は、本日開店のお菓子屋さんです。月尾シェフのマジパン細工でもっとも特徴的なのが建築物。まず厚紙で原寸大の模型作りからスタート。マジパンを模型通りにカットしたら完全に乾燥させ、組み立て作業に入ります。人間や植物、猫は従来の手法通り、丸みを生かして作ります。

足、胴体、頭の順に重ねて
がっちり接着
登場人物を作る

7色の粉末色素を使って
19色のマジパンを用意する

　食用色素は大黒色素、紅不二化学工業の粉末を合計7色使います。色素10gに除菌用アルコール30g、熱殺菌するためにの熱湯30gをよく混ぜて液体にしてからマジパンに練り込みます。大黒色素の製品は呼び名が特殊なため、他メーカーの色粉を使う場合に選びやすいよう、右記のように名前を変えて表記しています。カッコ内はそれぞれの色素の商品名です。

❖ **月尾 弘シェフの細工用マジパンの配合**
細工用マジパン…100g
粉糖…8g
＊マジパンと粉糖の練り方は10ページ参照。
＊接着剤は水を使用。マーブル板の上で作業する。

使用する食用色素
◉紅不二化学工業…赤（赤）
◉大黒色素…黄（玉子）／ピンク（桜紅）／緑（挽き茶）／青（水色）／茶（チョコレート色）／抹茶色（草色）

必要な色は最初にすべて液体にし、1滴ずつ出せるボトルに詰めておくと便利。

靴は大きいほど安定がよくなる
下半身を作って乾燥させる

　人間を直立させるのは意外に難しく、背が高くなるほど工夫が必要です。靴を大きく作ることは解決策のひとつ。靴の上に足を接着したら一度乾燥させ、固くしてから胴体を重ねるとさらに安定します。

用意するマジパンの色

シェフ用
● 靴…茶＋黄で着色
● 足、靴のベルト…赤＋茶で着色

販売スタッフ用
● 靴…赤＋茶で着色（シェフの足と同じ）
● 足、靴のベルト…青＋赤で着色

パティシエール用
● 靴…茶＋黄で着色（シェフの靴と同じ）
● 足、靴のベルト…茶＋赤で着色

［その他の材料］　パスタ（スパゲッティ）

大きな靴をはいた安定感のある足を作る

1 先をとがらせないしずく形で左右の靴を作り、靴底に粉糖をふって台紙にのせ、骨形スティックを押し当て、足を差し込むくぼみを作る。

2 足用の棒形を作り、同じ長さに切って先を丸くする。足の2倍長さのパスタをマジパンをまわしながら中心に通し、先を数ミリ突き出す。

3 靴のくぼみに水を塗り、足をのせ、パスタをゆっくりまわしながら接着させる。

4 靴のベルトを作る。麺棒でごく薄く伸ばし、カッターをまっすぐおろして細長い帯形に切る。

5 アキレス腱に水を塗り、ベルトをぴったりの長さで切り、つなぎ目が目立たないように張る。

手前から販売スタッフ、シェフ、パティシエールの足。足の長さやポーズが決まったら、最低一晩乾かす。

立派なお腹で堂々と
シェフにコック服とエプロンを着せる

コック服はしずく形を作って底の部分をくぼませ、帽子のように足にかぶせます。エプロンはお腹が少し出ているように中央をたるませ、接着します。

用意するマジパンの色
○ シェフのコック服、エプロン、コック帽…白（無着色）

しずく形の底をくぼませてコック服を作り、足にかぶせる

1 太めのしずく形を作る。底を平たくつぶし、骨形スティックを当ててまわしながら足が入る穴を開ける。

2 カッターの背を軽く押し当て、手首を回転させながら、コック服の縫い目の筋を縦に2本入れる。

3 足にさしたパスタの先を半分切り、パスタのまわりに水を塗り、コック服を接着する。

4	5	6

首に骨形スティックを押し当て、くぼみを作る。	襟用に小さな丸形を作り、くぼみに水を塗って張る。	丸形に骨形スティックを当て、襟の厚さになるまでつぶす。

太ったお腹にエプロンをつける

1	2	3

エプロンを作る。厚さ1mmに伸ばし、足が隠れるサイズの長方形に、カッターをまっすぐおろして切る。	コック服の裾に水を塗り、少しお腹がのったように見える位置にエプロンを張る。	

とがったナイフ形スティックで、裾の左右をゆっくりと持ち上げてカーブさせる。

細いパーツを1個ずつ接着
シェフの胴体を完成させる

　腰に巻いたエプロンはお腹の上でリボンをキュッと結び、コック服はボタンを左右に3個ずつ接着しておしゃれします。小さなパーツなので、1個ずつ根気よく張りつけます。

用意するマジパンの色
○ リボン、ボタン…白（無着色）

キュッと締まるコック服のリボンを作る

1	2	3

リボンの輪は左右に分けて作る。均等なサイズの帯の両端に水を塗る。	串形スティックをのせ、端が重なるように折りたたんで接着する。	少し乾いたらスティックを抜き、合わせ目の上にカッターの背を押し当てたままつまみ、しわを作る。

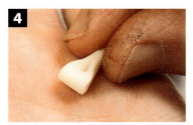

4 カッターをはずして端をつまみ、三角形に整える。

5 とがった部分をまっすぐ切り、ふたつを並べてリボン形にする。

6 小さな帯に水を塗って中央にまわしかけ、合わせ目を隠す。

7 リボンと同じ幅の長い帯を用意し、エプロンの上部に水を塗り、おへその位置から1周させる。合わせ目が重ならないように切る。

8 水を塗ってリボンをのせ、骨形スティックで軽く押して接着する。

ボタンを左右均等に張りつける

1 マジパンを薄く伸ばし、丸口金でボタン6個分を抜く。口金の先を指で素早くこすると、マジパンがはがれやすい。

2 ボタン1個を張るごとに、コック服に水を塗って接着する。

3 ボタンなどの小さなパーツは湿った刷毛の先にのせて移動し、接着する。

4 頭の接着用の穴を開けるために、パスタを深めに差し込む。

エプロンひもは合わせ目を目立たせない
パティシエールの胴体を完成させる

リボン、ボタン、ポケットなど、小さなパーツは特にむらなく水を塗って接着します。エプロンのひも、リボンの細かい合わせ目などもまっすぐに切り出し、目立たなくすることも大切です。

> **用意するマジパンの色**
> ○ コック服、エプロンのボタン…白（無着色）
> ● 胸あてつきエプロン…緑で着色
> [その他の材料] パスタ（スパゲッティ）

パティシエールに胸当てエプロンを着せる

1 123ページのシェフと同様にしずく形に穴を開け、2本の筋を入れる。服は小さめに。

2 シェフと同様に足にかぶせて襟を作り、パスタを差し込む。

3 エプロンを作る。麺棒で薄く伸ばし、カッターで長い台形に切る。胸が隠れるように、丈は長めにする。

4 胸に水を塗り、エプロンをまっすぐ、慎重に張る。

5 とがったナイフ形スティックで、裾の左右をカーブさせる。

6 エプロンと同じマジパンを丸口型で抜き、半分に切ってポケットを作る。エプロンに水を塗り、ポケットを縁が浮かないように張る。

7 ひも用に細い帯を切る。首のまわりに水を塗り、帯の両端がエプロンに重ならないように張る。

8 7と同じひもをもう1本用意し、コック服の裾に水を塗って張る。

9 ボタン用に薄く伸ばしたマジパンを小さな丸口金で抜き、エプロンの胸に2個接着する。

小さなリボンはカミソリで切り分ける
販売スタッフの胴体を完成させる

　販売スタッフのユニフォームには胸元とエプロンに小さなリボンを飾ります。エプロンのリボンはシェフより小さく、ブラウス用はさらにミニサイズなので、カミソリを使って作ります。

用意するマジパンの色
- 腰巻きエプロン…茶＋赤＋黄で着色
- ブラウス…白（無着色）
- 胸元のリボン…茶で着色

[その他の材料]　パスタ（スパゲッティ）

2種のリボンで飾ってかわいらしく

1
エプロンのリボンは124～125ページと同様に作る。小さなリボンなので3つのパーツを同じ幅に切る。

2
左右の形を整えてリボン形になるように合わせ、串形スティックで合わせ目をぐっと押さえて接着する。

3
真ん中の帯は長めに切ってのせ、カッターの背の先で押さえて張る。

4
カミソリで端をまっすぐに切り、リボンの後ろでつなぎ目を合わせる。

5
123ページのシェフと同様にしずく形に穴を開け、筋を1本だけ入れ、足にかぶせて襟、エプロンを張る。

6
リボン用の細い帯はエプロンの上部に、つなぎ目を正面にして張る。リボン、126ページと同様に作った半円形のポケットを接着する。

7
胸元のリボンはさらに小さなサイズに。両端は細長い三角形に切り、コック服に張る。

8
胸元のリボンは肩から少しはみ出す位置に張る。首の中心にパスタをさす。

1人ずつまぶた、まつ毛、眉毛、目玉の形を変える
表情の違う頭3人分を作る

いよいよシェフとスタッフ2人の頭を作ります。それぞれの個性を出すには目が決め手。まぶたを張る位置、目玉の大きさやまつ毛を少しずつ変え、肌色は男性より女性の赤みをやや強くします。

用意するマジパンの色
- 男性の頭、まぶた、鼻…黄＋赤で着色
- 女性の頭、まぶた、鼻…赤＋黄で着色
- 全員の目玉、眉毛、まつ毛…茶で着色

［その他の材料］　パスタ（スパゲッティ）

シェフはちょっぴり気取った表情で

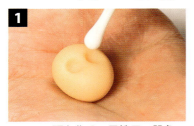

1 シェフの頭を作る。男性用の肌色マジパンで下ぶくれの丸形を作り、中心より上に骨形スティックを当て、やや縦長の目のくぼみを作る。

2 小さいパーツは手の熱で変形しやすいため、この段階で首にパスタを深くさして作業する。上から突き抜けないように注意。

3 頭を手のひらにのせ、U字形スティックを押し当てて口を作る。

4 丸口金を目のくぼみに当て、くぼみをすっぽり覆う直径のサイズを選ぶ。パスタを持って作業すること。

5 まぶたを作る。麺棒でごく薄く伸ばし、**4**で選んだ丸口金で抜いてカミソリで半分に切る。

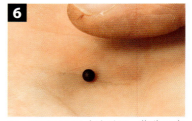

6 シェフの目玉は小さめに。指先で左右均等の大きさに丸め、目のくぼみに水を塗り、やや寄り目に張る。

7 眉毛を作る。まぶたより薄く伸ばしてカッターで上からまっすぐに、細長い三角形にカットする。

8 まぶたを張る部分に水を塗り、目玉が少し隠れる位置に接着する。

9 鼻用に目玉より小さな丸形を作り、湿らせた筆の先にのせて張る。

女性スタッフ2人の顔はまつ毛でくっきりと

1 パティシエールの頭を作る。女性用の肌色マジパンで卵形を作り、シェフと同様に目をくぼませてパスタをさし、串形スティックで縦長に開いた口を作る。

2 眉毛を作る。2本分を一緒に作る。指先で細長いひも形に伸ばし、適当な長さにカッターで切る。

3 大きめの目玉を寄り目にしてくぼみに接着し、幅の狭いまぶたを目尻を下げて張る。湿った刷毛に眉毛をのせ、まぶたに沿って張る。

4 まつ毛は**2**と同様に細く作り、湿った筆にのせて目尻に張り、先をカールさせる。小さな丸形の鼻を口のすぐ上に張る。

5 販売スタッフの頭を作る。女性用の肌色マジパンで卵形を作って逆にし、目をくぼませて首にパスタをさす。口は串形スティックをさす。

6 パティシエールより小さめの目玉を作って左右とも右に寄せて入れ、左右のまぶたは左下がりに張り、まぶたに沿って眉毛をつける。

7 短めのまつ毛を左右の眼の右側に先をカールさせて張り、口のすぐ上に丸形の鼻を張る。目玉、まぶた、眉毛、鼻の順に接着すること。

8 左のシェフ、右2人の女性スタッフの完成。頭の形や大きさ、目のデザインの違いだけで印象が変わる。

製菓担当はコック帽を、販売スタッフにはキャスケットをかぶせる。

コック帽ともみあげで威厳を出す
シェフの頭と胴体を接着する

コック帽は帽子作りの基本です。骨形スティック、ボール形スティックの順に押し当ててくぼみを大きく広げ、袋形を作って頭にかぶせます。伸びるマジパンの特性が生かされたパーツです。

用意するマジパンの色
○ コック帽…白（無着色）
● 髪の毛…茶で着色
○ 耳…黄＋赤で着色（頭の色と同じ）

頭にコック帽、髪の毛の順に接着する

1 コック帽を作る。しずく形の丸い部分を平らにして骨形スティック、ボール形スティックの順に当てながら回転させ、頭を入れるくぼみを作る。

2 先の部分も少し押しつぶしてから骨形スティックを当ててくぼませ、コック帽の形にする。

3 カッターの背の部分でコック帽の筋を入れる。横の筋はナイフ形スティックで入れ、始点と終点をぴたりと合わせる。

4 胴体にさしたパスタを抜き、頭をのせる部分に水を塗る。頭にさしたパスタの長さを調節して首の穴に入れる。

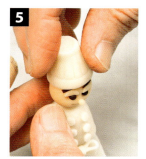
5 コック帽をのせる部分に水を塗る。眉毛が少し隠れるようにかぶせる。

6 帽子の下につける髪の毛を作る。麺棒でごく薄く伸ばし、丸口金で半月形に抜く。

7 端がはがれないように髪の毛全体に水を塗り、帽子の下にぴたりと張る。

8 耳を作る。小さな丸形を2個作り、骨形スティックの先を回転させてくぼみを作る。

9 1か所をつまみ、軽くとがらせる。耳は大きさや形、くぼみの深さを変えても個性が出せる。

10 耳のとがった部分に水を塗り、顔の左右に張る。細長いひも形の髪の毛ともみあげを作り、耳のまわりに3本ずつ張る。

髪の毛はシートをヘアスタイルに合わせてカット
パティシエールの頭と胴体を接着する

髪の毛は頭に丸いシートを接着する方法が基本です。シートはヘアスタイル別に真ん中や横に分け目を入れ、頭にかぶせたとき重なる部分がないように、あらかじめ余分をV字形に切り取ってから接着します。

用意するマジパンの色
● 髪の毛…茶＋赤で着色
○ コック帽…白（無着色）

セミロングの髪の毛、コック帽の順に接着

1 髪の毛を作る。麺棒でごく薄く伸ばし、頭にかぶせたときセミロングになるサイズの丸形に抜く。1/3を切り、反対側をV字形に切り取る。

2 V字形が後頭部になるように頭にかぶせ、サイズが合うか確認。サイズが決まったら、カミソリで左右だけに細かい切り込みを入れる。

3 シェフと同様に胴体に接着した頭に水を塗り、髪の毛を張る。V字形の合わせ目にも水を塗り、目立たないようにぴたりと張る。

4 髪の毛の切り込みを軽く開いて自然な感じを出す。後ろは切り込みを入れず、髪の毛で肩をすっぽりと隠す。

5 シェフと同様にコック帽を作り、頭に水を塗ってかぶせる。

6 前髪を作る。**1**で切り取ったV字形の残りを利用する。カーブした部分の中央をカミソリで櫛状に切り、左右の余分を切って長方形にする。

7 前髪の端に水を塗り、額の奥に押し込む。前髪のつけ根の上に湿った筆を当てて接着する。耳はつけない。

後ろ姿も正面と同じくらい、丁寧に作る。

キャスケットをはすにかぶす
販売スタッフの頭と胴体を接着する

販売スタッフは小さな円形シートを張ってショートカットにします。頭には大きなキャスケットをかぶせてチャーミングに。キャスケットは骨形スティック、ボール形スティックの順に持ちかえ、くぼみを内側から押し広げて大きくするのがポイントです。

用意するマジパンの色
● 髪の毛…茶＋赤＋黄で着色
● キャスケット…茶＋黄で着色

ショートヘア、帽子の順に接着

1 髪の毛を作る。麺棒でごく薄く伸ばし、ショートヘアになるサイズの丸形に抜く。中心から少しずらしてV字形を切り取り、分け目を作る。後頭部の中央もV字形に切る。

2 130ページのシェフと同様に胴体に頭を接着し、水を塗って髪の毛を張る。後頭部の合わせ目はぴたりと丁寧に張る。

3 帽子用にきれいな丸形を作る。

4 丸形を手のひらにのせて骨形スティックを押し当て、先をまわしながらくぼみを作る。

5 途中でボール形スティックに変え、先を回転させて内側から押し広げ、帽子の形にする。

6 頭にすっぽりとはまるサイズになったら、髪の毛の帽子がのる部分に水を塗り、ゆっくりとかぶせる。

7 帽子のつばのパーツは2個。右の帯は帽子の縁の長さの半分で、両端をとがらせる。左は帯の¼程度の長さの半円形。

8 帯の両端の向きに注意し、水を塗って帽子に張る。半円形は帯の右端に水を塗って張る。

9 シェフと同様に耳を作って張り、髪の毛用に細長く伸ばしたひもに水を塗り、顔の両脇に張る。

ポーズを変えて動きを出す
3人それぞれの腕をつけて仕上げる

腕と手のひらは別々に作り、後で張りつけます。手の動きには、顔の次に人間の心理が表れるので、ストーリー性を考え、それぞれの人形の気持ちを想像して腕の向きや手の形を変えてみます。

用意するマジパンの色
○ 腕…白（無着色） ● 男性の手…黄＋赤で着色（頭の色と同じ） ● 女性の手…赤＋黄で着色（頭の色と同じ）

肘の曲げ方や向き、手の形をすべて変える

1 シェフ、スタッフ2名それぞれの胴体サイズに合うように太さを調節し、腕用の細長いしずく形を作る。太い部分を平たくし、骨形スティックでくぼみを作る。

2 袖口に帯を巻く。麺棒で薄く伸ばして細長い帯形に切り、全体に水を塗る。塗り残しがないように。

3 帯に袖口をのせてゆっくり転がしながらまっすぐ張る。合わせ目はぴったり合うように切る。

4 肘を曲げる場合は、先のとがったナイフ形スティックを軽く押し当て、腕を転がしながら筋を入れる。

5 ゆっくりと慎重に、曲げたい角度まで曲げる。写真はシェフの腕。左右とも直角に曲げる。

6 手を作る。同じ大きさの丸形2個を押しつぶし、親指と残りの指に分けて形を整え、ナイフ形スティックで指の筋を入れる。

7 壊れないようにゆっくりと指を内側にカーブさせ、軽く握らせる。指の筋は表に出る面に入れる。

8 ほかのスタッフも同じ要領で腕と手を作る。手をそらせたり、握ったり、形と向きに変化をつける。袖のくぼみに水を塗り、接着する。

9 腕はつけ根と胴体にふれる面積が広いほど、しっかり接着できることを頭に入れ、デザインを考える。

あえて乾かさずに丸みを生かす
お昼寝ポーズの三毛ネコを作る

　頭と背中に濃い茶、薄い茶でブチ模様を入れます。昼寝中で愛想のない表情ですが、ごく淡いピンク色に染めた丸い鼻で、かわいらしさをプラス。パーツすべての丸みを生かし、柔らかさを出します。

用意するマジパンの色
○ 胴体、尻尾、鼻の両脇、まぶた、ひげ…白（無着色）
● 濃いブチ、目…茶で着色
● 薄いブチ…茶＋赤＋黄で着色
● 鼻…ピンクで着色

棒を曲げて前後の足を作り、胴体をのせる

1 胴体を作る。白の丸形に茶2色で小さな丸形とひも形を作って張り、転がして一体化させながら細長いしずく形にする。

2 後ろ足を左右をつなげて作る。両端を少しとがらせて細長く伸ばし、途中で中心を細くする。

3 足を折り曲げたポーズを作る。先のとがったナイフ形スティックを左右の関節部分に当て、筋を深めに入れる。

4 両端をゆっくり内側に折り込む。後ろ足より細く短めにして、同様に前足を作る。

5 ブチ模様を上に向け、尻の両脇を押してくぼませる。後ろ足に水を塗って胴体に接着する。

6 前足も後ろ足と同様にして接着し、足の先は軽く重ね合わせる。

7 足の先を作る。小さな丸形を4個作り、骨形スティックでくぼみを作る。

8 先のとがったナイフ形スティックで、2本ずつ爪の筋を深めに入れる。

9 4個分の形を揃えて丁寧に作る。細長い俵形を同じ幅に切ったもので作ると、大きさを揃えやすい。

10 9のくぼみに水を塗り、足の先に張る。

小さな頭を作って仕上げる

1 胴のブチ模様と同様にして丸形の小さな頭を作る。骨形スティックで鼻のあたりをくぼませる。

2 くぼみに小さな丸形を張り、ナイフ形スティックで縦に口の筋を入れ、円錐形スティックで口を開ける。

3 鼻の両脇に、竹串で小さな毛穴を開ける。

4 まぶたを作る。薄く伸ばして丸口金で抜き、カミソリで半分に切る。たれ目がちに接着し、細いひも形の目を張る。

5 小さな丸形の鼻を作って接着する。細長く伸ばしたひげを、3本ずつほおに接着する。

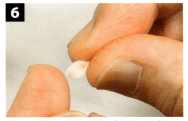

6 耳を作る。小さなしずく形をビニールに挟んで薄く伸ばし、ビニールをはずして1か所をつまむ。

7 胴体の頭がのる部分をボール形スティックでくぼませ、あごが前足の上にのる位置に頭を接着し、耳を張る。

8 尻尾を作る。細長いひも形を作って根元をカミソリで切り、つぶす。尻に接着して大きくカーブさせ、先は背に張る。

可憐なミニバラ、型抜きの小花の組み合わせ
ミニガーデンを彩る植物を作る

ひも形を小口切りにしてから同じ大きさに成形
花びらは直径約1cm。ミニサイズのバラを作る

花びらをたくさん用意する場合はまずひも形を作り、小口切りにしてから成形すると楽。このバラは花びらを徐々に低い位置に張り、中心をとがらせるのが特徴です。型で抜いて作るガクは、カーブさせると葉っぱに変身します。

用意するマジパンの色
- 🔴 バラ…赤＋茶で着色
- 🌸 バラ…ピンクで着色
- 🟡 バラ…黄で着色
- ⚪ バラ…白（無着色）
- 🟢 ガク、しずく形の葉…抹茶色＋黄で着色

＊バラのつぼみも上記と同じ4色で作る。

芯がいちばん高い位置に来るように花びらを張る

1 直径5mmほどのひも形を作り、カッターで等間隔に切る。

2 芯を作る。1の1個分でひも形を作り、ビニールに挟んで押しつぶす。縁は特に薄くなるように伸ばす。

3 帯をゆるめに巻いて芯を作る。端が徐々に下がるように巻く。

4 中心がいちばん高くなるように巻くと、バラが完成したとき美しい。

5 花びらを作る。1をビニールに挟み、1個ずつ押しつぶして縁の2/3は特に薄く伸ばす。1輪につき約10枚の花びらを使う。

6 花びらをすべて用意したら、乾かないうちに素早く厚みのある部分に水を塗って芯に張る。

7 花びらは少しずつ下にずらして張り、最終的に芯がいちばん高い位置に見えるように接着する。

8 最後の1枚は、自然な感じに端を少し開く。つぼみは芯だけで作る。

1輪につき4枚のガクを張りつける

1 ガクを作る。麺棒で薄く伸ばし、バラに合うサイズのしずく型で抜く。

2 1輪につき4枚のガクを使い、裏に水を塗ってバラに張りつける。

3 つぼみ用のガクは1輪につき2枚分を、縦2等分して根元に水を塗る。

4 つぼみ1輪につき**3**のガク4枚を、やや内側にカーブさせながら張る。

ガクと同じしずく形で小さな葉を作る

1 ガクと同じしずく形に抜いた葉を手のひらにのせ、とがったナイフ形スティックで手前半分を軽く押す。

2 つまんで自然にカーブさせる。マジパンが乾くと割れやすいので、素早く作業する。

3 葉は型のサイズを変えて大小用意しておくとよい。使うさい、接着しやすいように根元をカットする。

植物の緑は色を統一し、落ち着いた印象に
バラの葉とつるを作る

用意するマジパンの色
● 葉、つる…黄＋抹茶色で着色

バラのガクと同じ緑色で、葉とつるを作ります。葉はバラ用に縁がギザギザした葉型で抜き、そらせながら乾かします。つるは割れないように丁寧に竹串に巻きつけます。

大小の葉型で抜いてとい型に並べ、そらせながら乾かす

1 マジパンを薄く伸ばし、縁がギザギザの大小の葉型で抜く。型はバラにつり合うサイズを選ぶ。

2 カッターの背を軽く当てて葉脈を入れる。縦中央に1本、その両脇に均等に入れる。

3 葉脈を上に向け、とい型にのせて乾かす。小さな葉は葉脈を入れない。

細長いひも形を竹串に巻きつける

1 つるを作る。片端をとがらせて徐々に細くなるように、丁寧に転がしながらひも形を作る。

2 竹串にゆったりと巻きつけ、容器の蓋などに竹串の両端を引っかけて乾かす。

テクニック＆ツール　基本の基本

かぎられたスペースで快適に作業するための小道具類とは…

手の届く範囲で効率よく作業をするには、パーツのサイズに適した道具を用意することも大切です。余分な場所を占拠しないように、道具を小さなサイズに切ってもいいでしょう。

幅5cmほどのとい型は、小さなパーツをカーブさせるのに便利だ。

柔らかい透明ビニールは花びらなどを薄く伸ばすときに便利。型抜き作業にはカッティングシート（右）、発泡スチロールなどを下敷きにすると抜きやすい。

小さなパーツは作ってすぐ整理する習慣をつけよう。ミニサイズのまな板やトレーなどを利用するとよい。

透けるほど薄く伸ばして型抜き
輝くめしべの小花を作る

小さな花は透けるほど薄く伸ばし、ひときわ可憐に作ります。型抜きは小さいほど難しいので、型を当てたら最後に力を入れて押し切るように。めしべには和菓子材料のオブラート粉をまぶし、キラキラと輝かせます。

用意するマジパンの色
- 花びら5枚のピンクの花…ピンクで着色
- 花びら8枚の紫の花…赤＋青で着色
- ○ スズラン…白（無着色）
- めしべ…黄または黄＋赤で着色

[その他の材料]
オブラート粉（和菓子の材料）

抜き型を変えて大小3種の花を作る

1 ピンクの花を作る。麺棒でできるかぎり薄く伸ばしたマジパンを5枚の花びらの型で抜く。型は3種類ともシュガークラフト用。

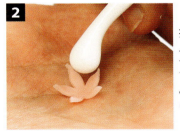

2 抜いたとき上だった面を上に向けて手のひらにのせ、骨形スティックを当てて丸みをつける。くぼみのある器（製氷皿など）に入れて乾燥させる。

3 紫の花を作る。薄く伸ばしたマジパンを8枚の花びらの型で抜き、**2**と同様に丸みをつけ、乾燥させる。

4 スズランも同様に型で抜いて丸みをつける。型の口から息を吹き込むとマジパンがはずれやすい。

5 2色のめしべを作る。小さな丸形を指先で丸め、紫の花はオレンジ、他は黄のめしべを作る。

6 オブラート粉の上にめしべをのせ、全体に素早くまぶす。

7 花の真ん中に水を塗り、めしべを接着する。

厚めのシートを組み立てて頑丈に
お菓子屋さんの建物を作る

各パーツの寸法を正確に測ってカット
原寸大の模型を作る

目盛りの入った工作用の厚紙を使う。組み立てるときは、セロハンテープで張る。

　建物はたった1㎜サイズを間違えるだけでも、組み立てたときに隙間ができ、美しく仕上がりません。面倒でも以下のステップが必要です。まず作りたい建物のデザイン画を紙に描いてから平面図をおこし、次に厚紙にパーツごとの図面を描き、原寸大の模型に組み立てます。そして各パーツの寸法を測りながら、マジパンを正確なサイズに切り出していきます。
　今回のお菓子屋さんで特に難しいのは、壁と壁の境目にかぶせる屋根の形。模型なしでは作ることができません。各パーツをカットする直前に、模型でサイズを確認しましょう。

玄関は人間の身長に合う高さに
中央の壁を作る

用意するマジパンの色
● 壁、看板、タイトルプレートの支え…黄＋茶で着色

　壁は強度を持たせたいので、厚めの2.5㎜に伸ばします。玄関は人形を立たせるため、身長に合うサイズに切ります。カットしたパーツは2、3日乾燥させて固くしてから、組み立てます。

壁はやや厚めに伸ばし、玄関を切り取る

1

マジパンを四角形に整える。最小限の打ち粉をふったマーブル板の上にのせ、上からも打ち粉をふる。

2

麺棒で厚さ2.5㎜に伸ばす。途中、打ち粉の量が多い場合、余分を刷毛ではらう。

3

片手で転がせる短めの麺棒を使うと、圧力がむらなく全体にまわり、厚みを均一にしやすい。

● 中央の壁のパーツ

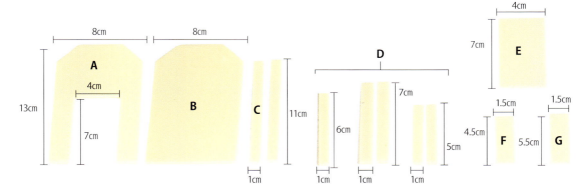

4 約20cm四方の正方形に伸ばし、定規を当てて直角になるように上と右の辺を切り落とす。ローラーカッターが便利。

5 定規を当てて直角に切れているかを確認する。この作業は常に行うこと。直角に切らないと、組み立てたとき隙間ができる。

6 AとBを切る。まず同じサイズの長方形を2枚切る。8cmのところにカッターで切り込みを入れる。

7 カッターの印から13cmのところに針で印を入れ、針の印に2本の定規をL字形に当てて切る。4つの角はすべて直角に。

8 上ふたつの角から2cmのところにカッターで筋を入れ、斜めに切る。三角形はタイトルプレートの支えに使う。

9 1枚は玄関用にEを切り取る。2枚を並べて高さが同じかを確認する。Eはドアに使う。

10 C、Dを切る。カッターの両端をつまんで垂直におろし、まっすぐ切る。看板用のFとGも同様に切る。Gは長方形に切った後、角を斜めに切る。すべてのパーツを乾燥させる。

中央より2cm低く
左右の壁を作る

左右の壁には、窓をひとつずつ作ります。窓を美しく抜き取るコツは、まずカッターでしっかりと4つの角の切り目を入れ、角と角を結ぶように直線を切ることです。

● 左右の壁のパーツ

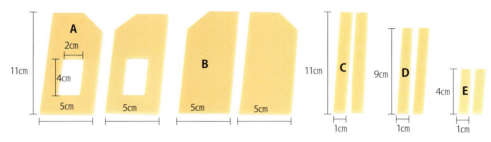

大きな窓のついた左右の壁を作る

1 中央の壁と同じ要領でAとBの長方形を切り取る。右の壁は右の角、左の壁は左の角を、中央の壁と同じサイズに切る。

2 窓を抜く。左右の壁の同じ位置に針で4か所印を入れ、印を起点に4か所にL字形の切り込みを入れてから長方形に切る。切り込みをカミソリでなぞり、しっかり切り離す。

3 切り込みにカミソリを入れて窓をすくい、ゆっくり手前に起こして抜く。

4 縁に細かいマジパンが残っていれば、カッターの先できれいに取り除く。

5

壁の厚み用のCとD、壁の支え用のEを切る。カッターの両端をつまんで垂直におろし、まっすぐ切る。すべてのパーツを乾燥させる。

テクニック&ツール 基本の基本

カッターなどの刃物は切る幅に近いサイズを選ぶ。

マジパン細工専用に清潔な定規を用意する。

切り口をまっすぐ、正確に切るためのカッターと定規の選び方

マジパンを美しく切るために、作業ごとに最適な刃物と定規を使い分けます。カッターは刃の部分を使い、両端をつまんで上から垂直に切るのが基本。切る幅に合う長さを選びます。カミソリはごく小さなパーツ用。片刃をガムテープで覆って使います。ローラーカッターは長い幅や曲線を切るのに最適。手前から奥に転がすと、きれいに切れます。定規はカッターの刃で傷つける心配のない、ステンレス製の大小を選びます。また、平行線の入った透明定規は、ラインを揃えるのに便利です。

建物の形に合わせて左右対称に切る
床を作る

建物をのせる床を、赤茶のマジパンで作ります。建物の底面積よりふたまわりほど大きく、左右対称にカットし、残りも無駄なく利用して、看板の支えや窓の手すり用の小さなパーツを切り出します。

用意するマジパンの色
● 床、赤茶の看板、三角形の支え、手すり、手すり用の帯、S字模様を入れるプレート …赤＋茶で着色

◉ 床と小さなパーツ

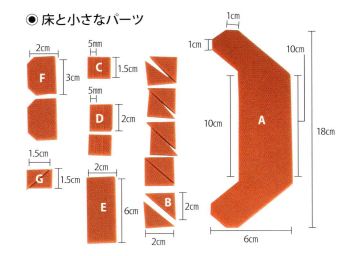

お店をのせる床を切り、同じ色で小さなパーツを各種切り取る

1 色が濃いマジパンは柔らかくなりやすいので、打ち粉を多めにふって麺棒で厚さ2.5mmに伸ばす。

2 Aを切る。色が濃いマジパンは伸びやすいので、素早く作業する。ローラーカッターを使って手前から奥に向けて切る。

3 4つの角が直角になるように2本の定規で確認しながら、18×6cmの長方形に切る。

4 カッターの両端を持ち、上から垂直に落として角をまっすぐに切る。

5 玄関部分を切り取る。針で印を入れてカッターで切り、切り込みをカミソリでなぞって切り離す。

6 BとGの正方形を切り、対角線で切り離して三角形にする。常に断面はまっすぐ切るように。

7 CとDを切る。幅5mmの帯を3枚ぴたりと並べ、2cmと1.5cmの長さに切る。看板用にEを2枚、Fの手すりは長方形に切って角2つを切る。S字模様を入れるプレートは2×4cmに切り、4つの角を斜めに切る。すべてのパーツを乾燥させる。

ガラスは裏から、窓枠は表から接着
左右の窓を仕上げる

窓の裏から水色のマジパンを張ってガラスを入れ、表から窓枠を接着します。窓枠は左右、上下、真ん中の順に張ると、美しく仕上がります。

用意するマジパンの色
窓ガラス…青で着色
窓枠…茶＋赤で着色

● 窓ガラス用パーツ

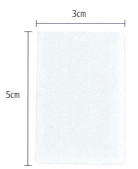

窓にガラスと枠をつける

1 ガラスを作る。壁より薄く麺棒で伸ばし、窓よりひとまわり大きいサイズにカッターで切り、乾燥させる。

2 壁の裏から窓枠に沿って刷毛で最低限の水を塗る。

3 上下左右がしっかり隠れる位置を確認しながら**1**をのせ、縁を軽く押して接着する。

4 壁をひっくり返し、ガラスが台に当たらないよう、マジパンなどの上にのせて乾燥させる。

5 窓枠は1mm以下に麺棒で伸ばし、幅2〜3mmにカッターで押し切る。

6 ガラスの縁に水を薄く塗り、窓枠を1本ずつそっと持ち上げてのせ、軽く押して張る。

7 ぴったりの長さのところで余分をカミソリでまっすぐ切り落とす。

8 上下左右の枠を張り、最後に真ん中に1本接着する。

ラインの向きに注意してカット
赤い屋根を作る

屋根はデコボコの入った市販のアクリル板を利用し、縞模様を入れます。模様は縦に向けると本物の屋根のような仕上がりに。模様の方向に気をつけて、計10個の屋根用パーツをカットします。

用意するマジパンの色
● 屋根…赤で着色

アクリル板は東急ハンズで購入。ほかにも違った模様入りが数種類ある。

◉ 屋根用パーツ

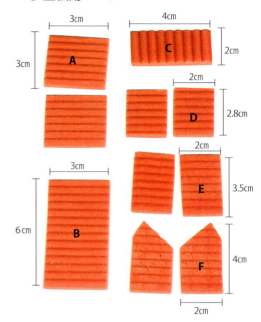

ストライプのデコボコを入れて屋根を作る

1 アクリル板のデコボコ面に粉糖をふり、余分を刷毛ではらい落とす。

2 模様を縦にしてマジパンをのせ、麺棒を前後に転がし、壁と同じ約2.5mm厚さに伸ばす。力を入れすぎるとはがれにくくなるので注意。

3 ゆっくりとアクリルをそらせながら、マジパンをはがす。

4 少量の打ち粉をふり、余分を刷毛ではらい落とす。

5 ラインの向きに注意して、AからFのパーツを切り分ける。

6 Fは変わった形なので、模型のサイズを測ってから切る。すべてのパーツを乾燥させる。

屋根をつけ、玄関まわりを飾る
中央の壁を仕上げる

玄関の上に赤い屋根と看板、模様入りのプレート、左右にレンガを張りつけ、お菓子屋さんらしい外観に。プレートのS字模様はオレンジの細いひもを竹串の先で1本ずつカーブさせて美しく。玄関のへこみも正確に寸法を測り、隙間ができないように接着します。

用意するマジパンの色
- レンガ、玄関灯の枠…赤＋茶で着色
- S字形模様のひも…黄＋ピンクで着色
- ドアの枠…緑で着色
- Pâtisserieの文字…茶で着色
- Depuisの文字…茶＋赤で着色
- レンガ…茶で薄めに着色
- レンガ…黄＋茶で着色
- 玄関灯の芯のガラス…青で着色

プレートと手すりをS字模様で飾る

1 S字模様を作る。両端をとがらせながら、短いひもを作る。手すり、看板上のプレート用に計12本用意する。

2 竹串2本を使い、1本ずつS字形に先を丸める。マジパンが柔らかいうちに素早く作業する。

3 プレート（143ページの**7**）に**2**を美しい模様になるようにのせる。

4 ひもとプレートの間に水を吸わせた筆を差し込み、接着する。手すり（143ページのF）も同様に飾る。

ドアに枠をつけ、看板、レンガでおしゃれに

1 枠を作る。薄く伸ばして細い帯状に切り、合わせ目は斜めに切る。水を塗ってドアの上、左右に張る。

2 屋根の支え用の三角形（143ページのB）3個を接着する。

3 三角形に水を塗って屋根（145ページのB）を接着し、S字模様のプレートを張る。

4 看板のPâtisserieとタイトルプレートのDepuisの文字用に、ごく薄く伸ばしたマジパンをカミソリで細い直線状に切り分ける。

5 白い看板（141ページのF）に水を塗って赤茶の看板（143ページのE）に重ね、文字ののる部分に水を塗り、湿った筆で文字用のマジパンを取って張る。タイトルプレートの白い看板（141ページのG）にも同様にして文字を張る。

タイトルプレートのまわりは、元気に咲きほこるバラで埋めつくす。

6 支え用の三角形（143ページのG）2個に水を塗り、屋根のデコボコの山の部分に間隔をあけて接着する。

7 看板の端を持ち、屋根の中央に接着する。

8 小さな長方形とその半分の正方形に切り揃えたレンガを3色用意する。濃い茶、薄い茶、中間の茶の3色がバランスがよい。

9 レンガの裏に水を塗り、同じ色が並ばないようにバランスよく、玄関の両脇を飾る。

10 玄関灯を作る。枠用のマジパンを薄く伸ばして大小の丸口金で抜き、さらに薄く伸ばしてカミソリで細い帯状に切る。芯はひもを適当な長さに切り、枠を接着する。

11 背面の壁の左右に厚み用の帯（141ページのC）を張り、長さ5cmの支え用の帯（141ページのD）2枚を上部ぎりぎりに張る。

12 残り3枚の支え（141ページのD）は玄関のサイズに合うように、正面の壁をのせて位置決めし、接着する。

13 正面の壁をぴたりと接着する。壊さないように端を持ち、下からゆっくりと張る。

お店を仕上げる
玄関前を広くあけ、中央、左右の順で床に接着

左右の窓辺に植物を華やかに飾り、3つの壁を床に張りつけてお店の完成です。中央の壁は玄関前のスペースが広くあくように張りつけます。中央の壁、左右の壁の順で、しっかり確実に床に接着しましょう。

窓に屋根と手すり、花を接着する

1 支え用の三角形（143ページのB）2個を窓の上に張り、屋根を接着する。手すり用の帯（143ページのC2本とD1本）を張る。

2 手すりの模様が動かなくなるまで乾燥したら、縁をつまんで**1**の帯の上に接着する。

3 壁の背面の左右に厚み用の帯（142ページのCとD）を接着する。支え用（142ページのE）は上部に張り、**2**をぴたりと接着する。

4 窓の両脇にドアの枠と同じ緑の帯を張る。手すりの左右、中央、残りのスペースの順にしずく形の葉、花を張る。3色のレンガを左右の壁の対称の位置に張って飾る。

店を組み立てながら床に接着する

1 玄関灯を玄関脇に接着し、中央の壁の底に水を丁寧に塗る。

2 左右のあきを等しくとり、玄関前を広くあけて床に接着する。前傾させて位置決めし、まっすぐ張る。

3 左右の壁を接着する。中央の壁にぴたりと合わせ、床のラインと並行になるように注意。

4 壁に水を塗り、左右対称になるように屋根（145ページのC〜F）を1枚ずつ丁寧に接着する。

5 お店の完成。左右の壁のレンガは両脇と中央の壁寄りの2か所に張ると、バランスがよい。

模様入りシートを組み立てて本物のように
プランターを作る

屋根と同じ縞模様入りのマジパンを使って、丸太を重ねたように見えるプランターを作ります。上げ底にし、こぼれるくらいに植物を植え込みます。

用意するマジパンの色
● プランター…茶＋赤で着色

● プランターのパーツ

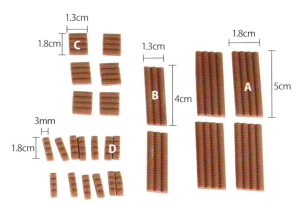

小さなパーツ4個を角に張ってリアルに

1

145ページの屋根と同様にマジパンをアクリル板の上で伸ばし、縞模様を入れてAからDのパーツに切り、乾燥させる。

2

Aを模様を下に向けて置き、BとCを2枚ずつ接着して箱形にする。Aをかぶせるために水を塗る。

3

Aをのせて接着する。Aが側面になるように90度回転させる。

4

全体がしっかりと接着するように、やさしく力を入れて押す。

5

4つの角にDを接着する。Cのパーツにつながっているような位置に張ること。

6

しずく形の葉（137ページ）、3種の花（139ページ）の順に接着する。竹串と針を使って丁寧に詰める。

華やかな舞台の上で登場人物がいきいきと動き出すように
土台を作り、組み立てる

3種のフレーム約100枚を切り抜く
土台の飾りを用意する

　土台の側面を飾るひし形と正方形のフレームを切り出します。美しいフレームを作るには、カットする順番がポイント。まず中心を型で抜き、抜いた部分のラインに沿って外側をカットします。

● フレームのパーツ

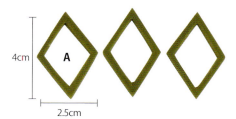

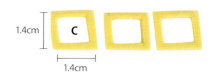

用意するマジパンの色
- ● ひし形…緑で濃いめに着色
- ● 正方形B…緑で薄めに着色
- ● 正方形C…緑でBより薄く着色

グリーン系3色をフレーム形に抜く

1 マジパンは同じ緑の色素を使い、量を加減して3色用意する。それぞれ麺棒で厚さ1.5mmに伸ばす。

2 原寸大のフレームを6〜7枚ずつ厚紙で作り、模様を考える。片面が色つきの厚紙を使うと、雰囲気をつかみやすい。

3 フレームの内側のサイズは、抜き型と同じサイズにする。

4 ひし形を作る。マジパンを薄く伸ばし、正確に測って5×3.5cmの長方形にカットする。

5 発泡スチロールなどの上にマジパンをのせ、中央に抜き型をまっすぐ入れて押し切るように抜く。

6 抜いた後に残った細かいマジパンを、カッターの先などできれいに取る。

7 マーブル板の上に移動してカッターで4辺を切る。枠の幅は目分量。

8 4辺とも同じ幅に切る。正方形も同様に、常に真ん中を抜いてから外側を切る順番で。各色34〜35個ずつ用意する。

フレーム作りで残ったひし形を利用
ドアを飾る

　土台用のフレーム作りで残ったひし形を利用して、玄関のドアを飾ります。ドアの枠は端を斜めにカットして張ると美しい仕上がりに。小さなドアノブもまっすぐにしっかり張りつけます。

用意するマジパンの色
● ドアの枠…緑で着色
● ドアノブ…茶＋赤で着色

ひし形でドアに模様を入れ、見える部分のみ枠をつける

1 中央の壁から抜いたドアの縁に水を塗り、ひし形と同じ色のマジパンを細い帯状に切って張る。

2 合わせ目は斜めに切って張り、美しく仕上げる。

3 左と上にも帯状のマジパンを重ねて張る。下と右には張らない。

4 ドアの中央に帯を1本張り、抜き取ったひし形を上下に2枚ずつまっすぐに接着する。

5 ドアノブを作る。小さな丸形を抜き、2個を枠の上に張る。

6 細長く伸ばした棒を乾燥させ、丸形の上に接着する。

色素の量を加減して3色のグリーンに染め分けたフレームで、ケーキの側面を飾る。

円周を計算し、無駄のないサイズに
2本のひもをまわしかける

　土台の直径は24cmです。円周を計算し、ひもはできるだけ無駄が出ない長さに伸ばします。長く細いひもは乾燥しやすいため、素早く作業しましょう。

用意するマジパンの色
● 太いひも…茶＋赤で着色
● 細いひも…黄＋ピンクで着色

1本目は太いひもを巻き、クリンパで模様を入れる

1 太いひもを作る。前後に転がすと表面に筋が出やすいので、両手で手前から奥へ何度も転がし、幅1cmのひも形に伸ばす。

2 利き手で先を転がして伸ばしながら幅7mmにする。もう片方の手は補助的にひもの後ろ半分を転がす。

3 直径24cmの土台用に約80cm用意する。長く伸びてきたら渦巻状にし、全体の太さが均一かを確認する。

4 カバーリングした土台（31ページ）の縁に必要最低限の水を刷毛で丁寧に、素早く塗る。

5 ひもをまわしかけ、ぴったりのサイズのところで切り、断面に水を塗ってつなげる。

6 ひものつなぎ目からクリンパを斜めに構え、模様を入れる。ひもがついたまま、クリンパを引っ張らないように注意。

2本目は明るい色の細いひもを巻く

1 太いひもと同じ要領で、幅3mmの長いひもを作る。途中で渦巻状にして全体の太さが均一かを確認。

2 細いひもはさらに乾燥しやすいので、手早く長さ80cmに伸ばす。太いひもの上に水を素早く塗る。

3 太いひもとつなぎ目の位置を揃えて接着し、切ってつなげる。つなぎ目は指先でこすって目立たなくする。

隙間が残らないように微調整
側面をフレームで飾る

緑のグラデーションで作った3色のフレームを側面に重ねて張り、立体感を出します。円周、パーツのサイズを正確に測っても、全部を等間隔で張るのは至難の技。残りが5、6枚になった時点で、最後に隙間ができないか予想を立て、目立たない程度に間隔を少しずつ調整します。

1枚1枚に水を塗って接着する

1 150ページの正方形Bのフレームの裏面に丁寧に水を塗る。

2 ひし形を縦にし、横一列に並べる。ひし形の上に1を1個ずつ重ねて接着する。

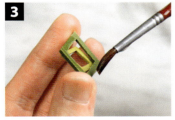

3 正方形が接着できたら、ひし形の裏に水を塗って土台に張る。

4 ひものつなぎ目から張る。形が揃っていることをよく確認しながら、丁寧に接着する。

5 4、5個張ったら間に正方形Cを張ってバランスを見る。正方形Cは重なる部分にだけ水を塗る。

6 1周して残り5、6個のところでぴったり収まるか計算し、張る間隔を調節して最後まで接着する。

圧力を均等にかけ、麺棒で模様を入れる
土台に張る大きな円板を作る

　美しくカットした大きな円板に、デコボコ入りの麺棒で模様を入れます。麺棒を転がすさいは手の力を均等に加え、溝の深さを揃えましょう。仕上げにエアブラシで濃い茶に染め、立体感をきわ立たせます。

用意するマジパンの色
● 円板…茶で着色

[その他の材料]
エアブラシに使う茶の液体食用色素、アルコール

円板に模様を入れてエアブラシを吹く

1

マジパンを厚さ約1.5mm、直径22cmほどの円板形に伸ばす。ケーキ用の台紙を利用してサイズを確認する。

2

デコボコ入り麺棒を手前から奥に向かって転がし、美しい模様を入れる。

3

台紙を重ね、軽く押さえて縁をローラーカッターで切る。セルクル型で抜き取ってもよい。

4

断面が美しいか確認する。段差があれば切り、乾燥させる。

5

液体にした食用色素をさらにアルコールで薄め、円板から17～18cm離し、エアブラシの先を左右に揺らしながら着色する。一方向から吹くと、模様に立体感が出る。

テクニック&ツール　基本の基本

広い面積も短時間でデコレーションできる、模様入り麺棒とエアブラシ

　デコレーションケーキの土台をはじめ、おもに広い面積を装飾するときに便利なのが、模様入り麺棒とエアブラシです。
　麺棒は薄く伸ばしたマジパンの上に転がすだけで、規則的な模様を入れることができます。麺棒を転がす手の力は均一になるように注意しましょう。
　エアブラシは絵画用や装飾用に市販されているものを使います。液体にした食用色素を入れて吹くと、あっという間にむらなく着色ができます。染める部分との距離を近くしたり遠ざけたりすれば色の濃淡が変わり、麺棒で模様を入れた部分に吹きかけると、さらに立体感を出すことができます。

エアブラシは先に色素が詰まりやすいので、使用後はすぐに洗浄する。

模様入り麺棒はアクリル製が使いやすい。使用後はくぼみをきれいに洗い、清潔を保つこと。

側面のひもより細く伸ばす
円板のまわりを2本のひもで飾る

土台は計4本のひもを巻いて飾ります。ここで張る2本はすでに張ってあるオレンジ、茶のひもと色を揃え、細めに伸ばすのがポイントです。

用意するマジパンの色
● 太いひも…茶＋赤で着色
● 細いひも…黄＋ピンクで着色

ひもはすべてつなぎ目の位置を揃える

1 円板と同じサイズの台紙を土台の真ん中にのせ、縁に沿ってカッターを1周させ、筋を入れる。

2 筋の内側にまんべんなく刷毛で水を塗る。塗りすぎに注意。

3 筋を目安に円板を接着する。まわりに接着したひものつなぎ目を真後ろに向け、円板の模様は正面から見て斜めになるように。

4 太いひもと同じマジパンを幅5mmで、台紙の円周より長めに伸ばす。

5 円板のまわりに水を塗り、4を接着する。つなぎ目の位置を、他のひもと揃える。

6 ぴったりの長さのところをカッターでまっすぐに切る。

7 先の細い筆で水を塗り、接着する。つなぎ目が目立たないように、指で軽くこする。

8 側面の底に張ったオレンジのひもよりやや細いひもを外側に巻く。つなぎ目は他のひもと同じ位置に。

9 土台の飾りつけが完成した。少し離れた位置から全体を見て、完成度を確認する。

中央の壁からスタート
お店と登場人物を接着する

　お店は真ん中のできるだけ奥に接着します。玄関前は3色のレンガでおしゃれに飾り、お店と土台の一体感を出します。常に全体のデザインを確認しながら、接着する位置を決めましょう。

お店の前にレンガを敷き、登場人物を並べる

1 お店は接着する前に土台にのせ、接着する位置を決めてから、床の全面に水を塗る。

2 左右のバランスをよく確認しながら慎重に張りつける。

3 3色のレンガで玄関前を飾る。レンガをのせるたびに土台に水を塗り、1枚1枚接着する。

4 プランターの裏に水を塗り、左右対称の位置に張る。

5 スタッフのひとりを、ドアからあわてて出てくるように接着する。

6 他のスタッフとシェフ、ネコもお店と同様、並べる位置を決めてから裏に水を塗る。

7 ドアを接着する。地面、壁に当たる部分すべてに水を塗り、しっかり接着する。

8 ドアの前のスタッフが隠れないように気をつけ、左にシェフ、右に3人を接着する。目線は同じ方向を向くように。

バラ、葉、つるの順に張って立体的に
タイトルプレートを飾って完成

　プレートを前に立て、あふれんばかりの植物で囲んで完成です。植物はバラ、葉、つるの順に接着。咲いたバラを上に向け、つぼみは横向きに、葉は土台のひもにかぶせるように。つるは隙間にさして立たせ、全体に立体感を出します。

> **用意するその他の材料**
> バタークリーム、ビターチョコレート

バラでタイトルプレートを囲んで仕上げる

1 タイトルプレートの支え（141ページの**8**）の長い辺に水を塗り、支えの半分が見える位置にタイトルプレートを張って土台に接着する。

2 バラを接着しやすいように、根元をカッターでまっすぐに切る。つぼみも同様に根元をまっすぐに切る。

3 バラ、葉、つるの順に接着してタイトルプレートを囲む。接着する直前に土台に水を塗る。バラが看板にふれる部分にも水を塗って接着する。

4 向きは揃えないほうが自然な感じが出せる。バラの左右の隙間につぼみを差し込む。バラは赤を少なめに、淡い色でまとめる。

5 竹串の先にひっかけたつるを花の脇に飾る。つるは接している部分に筆で水を吸わせる程度で接着できる。

6 バタークリームに溶かしたチョコレートを混ぜてコルネに詰め、模様をパイピングする。土台の真後ろからはじめ、丁寧に絞って完成。

左からの図
主役のシェフは左手にひとりで立たせ、存在感をきわ立たせる。

後ろからの図
隠れて見えない壁の背面も、蓋をしてすっきりとさせる。

右からの図
右に並んだ3人のスタッフは、背中を同じ方向に向けて等間隔に接着。

世界でも有数の水準にある
日本のマジパン細工コンクール

　昔からマジパンをそのまま食べる習慣があるヨーロッパとは異なり、デコレーション専用に利用することが圧倒的に多かった日本では、マジパン細工は独自の進化を遂げてきました。技術を磨くために全国で数々のコンクールが催され、マジパン細工に取り組むパティシエたちが日々、切磋琢磨しています。

　その中でもっとも権威あるマジパン細工のコンクールは、社団法人東京都洋菓子協会が主催する「ジャパン・ケーキショー東京」とされています。デコレーションケーキの「マジパン仕上げ部門」は、各地方のコンクールで優秀な成績をおさめなければ出展する資格を得られず、世界的な水準から見てもハイレベルなコンクールと評価されています。

　「ジャパン・ケーキショー東京」では、パイピング以外の細工はすべてマジパンで仕上げることが定められ、土台のケーキもマジパンでカバーしなくてはなりません。審査はデコレーションの物語性やデザイン性だけでなく、土台のカバーリング力やそれぞれのパーツの美しさも求められます。

　国際的なコンクールでは、22歳以下（一部競技を除く）を対象とした「技能五輪国際大会」が有名です。

　その規模に非常に大きく、部門は全部で39種（2010年度）。そのうち、洋菓子製造部門は、ピエスモンテ（工芸菓子で、素材はパスティヤージュ、飴、マジパンなど自由。ただし、チョコレートは気温により形状維持が難しいため、主体には使用不可）、味覚審査のほか、3種のマジパン細工が課題となっており、世界におけるマジパン細工の重要性を再認識させられます。若い人々にとっては実力を試す絶好の機会となるコンクールなので、挑戦してみてはどうでしょうか。

　本書の講師である羽鳥シェフの指導のもと、「シュルプリーズ」のスタッフは各種のコンクールで常に入賞を続けています。彼らの入賞のコツは、同じ作品を3度以上作ることです。出来上がった作品を見ながら、構図を練り直したり、色を変えてみたりなど、試行錯誤をくり返して同じ作品を作れば、より完成度の高い作品が生まれます。繰り返し作って最高の作品に仕上げることが入賞に結びつく。ぜひ参考にしてみてください。

「シュルプリーズ」のスタッフ、岩川友里さんの1度目の作品。テーマは「ハロウィーン」。

2度目の作品。プレートのカボチャと月に入れた文字をとってシンプルに。キャンディーを入れたバスケットとネコをアクセントに加えた。

3度目の作品。女の子の服の色を赤に変えて完成。顔の表情もいきいきとし、手や月の形も洗練された。

日本の細工用マジパン紹介

代表的な国内メーカー4社の細工用マジパンを紹介します。
メーカーによって配合や製造方法はさまざまです。
特性を知り、自分に合ったマジパンを探してください。

細工用マジパン
株式会社アマンド・フード

　粗く粉砕したアーモンドとシロップを煮詰め、ローラーにかけてペースト状にするというローマジパンと同様の製法で作られています。手間がかかるぶん、風味があり、香りがよいのが特徴。アーモンド2に対して砂糖が3の配合で、丹念にローラーがけをすることにより、なめらかな質感に仕上がっています。

電話 045-595-0788
http://almond.co.jp/index.html

マジパンペースト
ホワイトマジパンペースト
株式会社サガミ産業

　細工用のマジパンには2種類あります。「マジパンペースト」はアーモンドと砂糖が同割です。砂糖の分量を増やし、独自の製法で作られた「ホワイトマジパンペースト」は、名前のとおり色が白く、着色したさいにより色鮮やかに発色します。

2種ともに緑色のポリシートで包装し、袋詰め。

電話 0463-61-0763
http://www.kinomi.co.jp/

マジパンペースト
大東カカオ株式会社

　大東カカオの主力商品はチョコレートですが、「マジパンペースト」は30年以上前に製造をはじめたという歴史あるマジパンで、製菓学校の教材やコンクールなどにも多く取り入れられています。アーモンド1に対して砂糖2の配合で、細工を作るのにちょうどよい固さに調節されており、なめらかな質感と着色しやすい白さが特徴です。

電話 03-3492-2283（営業企画）
http://www.daitocacao.com/

マジパンペースト MZ-37
東海ナッツ株式会社

　アーモンド3に対して砂糖7の配合。細工しやすいように砂糖の比率が高く、固めに調整してあるので、粉糖を加えず、そのまま使用することも可能です。

電話 03-3254-8093
http://www.tokainuts.co.jp/

講師のプロフィール

米山 巌（5～41ページ担当）
1951年神奈川県出身。東日本洋菓子コンクールのマジパン細工部門で優勝するなど、数多くのコンクールで受賞。製菓専門学校講師、製菓食品アドバイザー、プロの洋菓子技術者の指導など、幅広く活躍している。

羽鳥武夫（42～67ページ担当）
1961年埼玉県出身。川口市の「ウエストン洋菓子店」で菓子修業をスタートすると同時にマジパン細工に取り組み、東日本洋菓子作品展で金賞など数多くの受賞歴に輝く。レストラン「シェ松尾」などを経て91年に独立し、「シュルプリーズ」を開店。2000年には長蔵店をオープン。マジパン細工の技術伝承に力を注いでいる。

シュルプリーズ　長蔵店
埼玉県川口市長蔵 2-1-15
TEL 048-290-2525

戸塚店
埼玉県川口市戸塚 2-24-11
TEL 048-297-4188
http://www.surprise-saitama.jp/

岡部敬介（68～119ページ担当）
1967年東京都出身。幼少から粘土細工に親しみ、なかでも人間や恐竜作りに熱中する。フランスで修業後、北海道の老舗菓子店「千秋庵製菓」でマジパンと出会い、その面白さに開眼。98年、2003年ジャパン・ケーキショー東京金賞など数々の受賞歴がある。04年に「プリエ」をオープン。マジパン細工は店の定番商品として人気が高い。

プリエ
神奈川県相模原市緑区西橋本 1-20-19
TEL 042-774-6535
http://www.prier.co.jp/index.htm

月尾 弘（120～157ページ担当）
1964年神奈川県出身。日本菓子専門学校卒業後、横浜市内の洋菓子店、ホテルに勤務。「レコールバンタン」では3年間製菓講師をつとめる。91年の日本洋菓子協会主催のコンクールで大会会長賞を受賞。以来、マジパン細工や工芸菓子のコンクールで連続して上位入賞を果たす。2001年に独立して横浜「ポトロブランコ」をオープンする。

ポトロブランコ
神奈川県横浜市保土ヶ谷区天王町 1-2-4 IK ビル 1F
TEL 045-332-8091

撮影　南都礼子
アートディレクション　津嶋佐代子
レイアウト　津嶋デザイン事務所
　　　　　（津嶋佐代子、西野友紀菜）
編集　オフィスSNOW
　　（畑中三応子、渡辺いつ子、木村奈緒）

普及版

洋菓子の新デザイン図鑑

ケーキの上に物語を飾る楽しみ
マジパン細工
詳細な作り方とポイント解説

発行日　2018年3月26日初版発行
　　　　2019年6月28日第2版発行

著者　米山 巌、羽鳥武夫、岡部敬介、月尾 弘
発行者　早嶋 茂
制作者　永瀬正人
発行所　株式会社　旭屋出版
〒160-0005　東京都新宿区愛住町 23-2
　　　　　　ベルックス新宿ビルⅡ 6階
【編集部】TEL 03-5369-6424
【販売部】TEL 03-5369-6423 FAX03-5369-6431
郵便振替　00150-1-19572
http://www.asahiya-jp.com
印刷・製本　凸版印刷株式会社

※許可なく転載・複写並びにweb上での使用を禁じます。
※落丁本・乱丁本はお取り替えいたします。
※定価はカバーに表示しています。

©Asahiya Shuppan & IWAO YONEYAMA, TAKEO HATORI,
　KEISUKE OKABE, HIROSHI TSUKIO 2018
ISBN 978-4-7511-1325-7 C2077
Printed in Japan